Wilhelm Rein

**Handbuch der römischen Antiquitäten**

Nebst einer kurzen römischen Literaturgeschichte

Wilhelm Rein

**Handbuch der römischen Antiquitäten**
*Nebst einer kurzen römischen Literaturgeschichte*

ISBN/EAN: 9783743614338

Hergestellt in Europa, USA, Kanada, Australien, Japan

Cover: Foto ©ninafisch / pixelio.de

Weitere Bücher finden Sie auf **www.hansebooks.com**

# HANDBUCH

## DER

# RÖMISCHEN ANTIQUITÄTEN,

### NEBST EINER

## KURZEN RÖMISCHEN LITERATURGESCHICHTE.

### VON

# BOJESEN-HOFFA.

**DRITTE AUFLAGE**

**BEARBEITET**

VON

**PROF. DR. WILHELM REIN.**

— ◆ —

WIEN.

DRUCK UND VERLAG VON CARL GEROLD'S SOHN.

1866.

# Vorwort.

Die Quelle des vorliegenden Handbuches: C. F. Bojesen's *Haandbog i de romerske Antiquiteter tilligemed en kort römersk Literaturhistorie. Kjobnhavn 1839*, fand von mehreren Gelehrten günstige Beurtheilungen und erschien desshalb schon 1841 in deutscher Uebersetzung von J. Hoffa, in den folgenden Jahren auch in holländischer und englischer. Zum zweiten Male wurde es aufgelegt 1844, wesentlich verbessert besonders unter Madvig's Leitung. Dieser Bearbeitung folgte fünf Jahre später die zweite deutsche von Hoffa, in noch ziemlich strengem Anschluss an das dänische Original. Eine neue deutsche Bearbeitung endlich, nach der sich in letzter Zeit mehrfach ein Bedürfniss gezeigt hatte, übernahm auf den Antrag des Herrn Verlegers der seiner Familie wie der Schule und Wissenschaft zu früh entrissene Professor Wilhelm Rein*) in Eisenach. Die von ihm dazu neu benutzten Bücher anzuführen ist unnöthig, da sie im Ganzen die seit 1848 in Deutschland erschienene Literatur der römischen Geschichte und Antiquitäten ausmachen; nur das sei bemerkt, dass auf eine etwa unterdessen von Bojesen neu besorgte Ausgabe keine Rücksicht genommen worden ist. Was nun die Bearbeitung selbst anbelangt, so ist die Literaturgeschichte, welche der Verfasser ursprünglich weglassen wollte, als Anhang und sehr wenig verändert geblieben. In den Antiquitäten wurde die Eintheilung des Stoffes bis auf die einzelnen Paragraphen herab beibehalten und dieser selbst, da die zweite Auflage alle wesentlichen Puncte zu behandeln schien, wenig vermehrt — die Zusätze bestehen meist in Angabe von Gesetzen und Jahresdaten für einzelne Staatseinrichtungen sowie von technischen

---

*) Er starb auf einer archäologischen Excursion in Folge einer heftigen Erkältung den 23. April 1865 in Langensalza.

lateinischen Ausdrücken —. Dagegen haben Verbesserungen und
Berichtigungen alle §§. ausser 2, 27, 35, 65, 121, 150 erfahren, und
zwar betreffen jene erstens eine Menge sachlicher Einzelheiten, in
denen die Wissenschaft der letzten zwanzig Jahre Neues gelehrt,
zweitens und dies in der Mehrzahl die Genauigkeit und Klarheit
der Darstellung sowie Sauberkeit des deutschen Ausdrucks, worin
Hoffa's Arbeit noch viel zu wünschen übrig gelassen hatte. Der
Vereinfachung wegen sind ausserdem mehrfach Anmerkungen in
den Text verarbeitet, zur Erleichterung der Benutzung ist eine
fortlaufende Paragraphirung am Rande neu hinzugefügt und im
Text öfter auf vorangegangene oder noch folgende Paragraphen
verwiesen.

Dies ist die Art und Weise der Bearbeitung, durch welche
das Handbuch brauchbarer gemacht werden sollte für den theils
vom ersten Verfasser theils vom letzten Bearbeiter bestimmten
Zweck. Dem Gymnasiasten bieten zwar jetzt Weidmann'sche und
Teubner'sche Classikerausgaben in Einleitungen und Anmerkungen
Genügendes für Einzelheiten aus den Antiquitäten. Demungeachtet
dürfte es nicht unnütz erscheinen, wenn die Schüler bei der Lectüre
in den betreffenden Paragraphen des Handbuchs das Einzelne im
Zusammenhange eines grösseren Ganzen nachsehen müssten; sie
würden auf diese Weise gewiss bald mit dem Wichtigsten aus den
Antiquitäten vertraut werden und um so besser das römische Alterthum verstehen lernen. Ausserdem sollte das Handbuch den Stu-
direnden der Philologie theils als erste Uebersicht dienen, theils
als Leitfaden zum Repetiren, theils zum augenblicklichen Nach-
schlagen bei der Lectüre der Classiker, wenn sie kein grösseres
Werk zur Hand haben. In letzterer Beziehung dürfte es übrigens
vielleicht auch manchem Anderen willkommen sein. Schliesslich bemerkt der Unterzeichnete, der Neffe des Professor Rein, welcher
in dankbarer Erinnerung an seinen Oheim Correcturen und Re-
gister besorgte, dass er das Handbuch getreu dem hinterlassenen
Manuscript der Oeffentlichkeit übergibt, und wünscht, dass bei
den Gelehrten dieser Abschiedsgruss des Verstorbenen eine freund-
liche Aufnahme finden möge.

Leipzig, den 12. Mai 1866.

Otto Kohl.

# Inhalt.

## Römische Antiquitäten.

### Einleitung.

\*\*

# Literaturgeschichte.

## Einleitung.

# Einleitung.

§. 1. *Römische Antiquitäten. Quellen derselben.*

Unter römischen Antiquitäten verstehen wir eine Darstellung des öffentlichen und Privatlebens der alten Römer, so wie wir dasselbe theils aus den alten Schriftstellern, besonders aus den Geschichtschreibern, Rednern und Grammatikern, theils aus andern Denkmälern, als Inscriptionen, Münzen und den übrigen antiken Ueberresten, kennen, von denen viele in der neueren Zeit durch Aufgrabung der, unter Titus' Regierung untergegangenen Städte Herculanum und Pompeii ans Licht getreten sind. Diese Quellen müssen indess mit Vorsicht benutzt werden, denn die historischen Schriftsteller haben nicht selten falsche und von den Verhältnissen späterer Zeiten hergenommene Vorstellungen von dem ihnen entfernter liegenden Alterthum gehabt, und über das Zeitalter, welches ihnen näher lag, haben sie nicht immer ohne Parteilichkeit geurtheilt; die griechischen Schriftsteller *) haben römische Eigenthümlichkeiten hin und wieder missverstanden; die Redner haben sich in ihrer einseitigen Betrachtungsweise und Unkenntniss oder im oratorischen Fluss der Rede von der richtigen Darstellung der Verhältnisse mehr oder weniger entfernt; die übrigen Denkmäler aus dem Alterthum sind in den neuern Zeiten öfters nachgemacht und verfälscht worden. Um daher zu einer zuverlässigen Kunde zu gelangen, bedarf es kritischer Umsicht.

---

*) Zu den griechischen Schriftstellern, die für die römischen Antiquitäten von Wichtigkeit sind, rechnen wir namentlich Polybius, Diodorus Siculus, Dionysius von Halicarnass, Plutarchus, Appianus, Dio Cassius und endlich den Epitomator Zonaras. Diese haben oft den Vorzug vor den römischen Quellen, dass sie ausführlichere Beschreibungen römischer Einrichtungen und Gebräuche zur Aufklärung für Ausländer geben.

2.

§. 2. *Ihr Verhältniss zur politischen Geschichte.*

Roms öffentliches und Privatleben muss in seiner historischen Entwickelung dargestellt werden; die Wissenschaft, die wir Antiquitäten nennen, steht daher zwar in genauer Beziehung zur politischen Geschichte, macht jedoch die Verhältnisse des innern Staats- und häuslichen Lebens ausschliesslich zum Gegenstand ihrer Betrachtung, und berührt die äusseren Begebenheiten und merkwürdigen Personen nur in so weit, als diese auf innere Veränderungen im Staatsleben einen wesentlichen Einfluss äussern.

## §. 1. *Umfang des römischen Reichs.* 3.

Das römische Reich beschränkte sich anfangs auf die Stadt Rom und deren nächste Umgebung, dehnte aber nach und nach seine Herrschaft weiter aus. Im J. 266 stand ganz Mittel- und Unteritalien unter Rom, und nun begannen die grossen Kriege, durch die das Reich sich allmälig über die drei, um das mittelländische Meer liegenden Welttheile ausbreitete, so dass es beim Untergang der Republik gegen Norden an die Donau und den Rhein, gegen Süden an Afrika's Wüsten, gegen Westen an das atlantische Meer und gegen Osten an den Euphrat gränzte. Unter den Kaisern wurden die Gränzen noch weiter hinausgerückt. In diesem weit ausgedehnten Reiche ging die Leitung aller Gewalt von Rom aus, und die thätige Theilnahme aller Bürger an der Staatsverwaltung war zur Zeit der Republik an die persönliche Gegenwart in dieser Hauptstadt gebunden, zu der sie dem Begriffe nach ursprünglich gehörten.

## §. 2. *Roms Topographie.* 4.

Rom lag am Ufer der Tiber, 16000 *Passus* vom Meere. Es war auf dem palatinischen Berge angelegt, aber bald kamen die nächsten Höhen hinzu. Servius Tullius soll die vier *montes* und drei *colles* mit einer Mauer umgeben haben. Die Namen derselben waren: *Palatinus, Capitolinus, Coelius, Aventinus (montes)*, *Esquilinus, Viminalis, Quirinalis (colles)*. Erst der Kaiser Aurelian befestigte die Stadt von neuem, und schloss den *collis hortulorum*, und jenseit des Flusses das *Ianiculum* und den *mons Vaticanus* mit ein. Das *pomoerium* oder der freie Raum ausserhalb und innerhalb der Mauern, welcher die heilige Grenze der Stadt bezeichnete, wurde wahrscheinlich von Servius Tullius, und nach ihm nicht vor Sulla's Zeit, späterhin aber von Caesar und öfters unter den Kaisern erweitert. Servius Tullius theilte die Stadt in vier Bezirke, den städtischen Tribus entsprechend, nämlich: *Palatina, Suburana, Collina* und *Esquilina.* Erst August bildete 14 Quartiere (*regiones*).

1*

Die Stadt war ursprünglich einfach; jedoch werden schon aus der Königsperiode merkwürdige Bauwerke erwähnt, wie die grossen Kloaken und der Tempel des Juppiter, der Juno und Minerva auf dem Capitolium. Der gallische Brand zerstörte die Stadt bis auf das Capitolium, und bei ihrer Wiederaufbauung wurden Strassen und Häuser ohne bestimmten Plan und Ordnung angelegt. In der folgenden Zeit wurden zwar mehrere Tempel und Basiliken aufgeführt, aber erst später bei zunehmendem Reichthum des Staates, bei der Bekanntschaft mit griechischem Geschmack und der Plünderung fremder Kunstwerke, dachte man eigentlich an die Verschönerung der Stadt. Indess herrschte im Allgemeinen keine grosse Pracht in Privatgebäuden vor Sulla's Zeit; von dieser Periode an zeigt sich jedoch eine grosse Neigung, die Stadt zu verschönern. Sowohl von Pompeius und Caesar, als besonders von Augustus wurden viele grosse Bauten aufgeführt; vorzüglich aber nach dem Brande unter Nero (64 p. Ch.) erhob sich Rom mit glänzender Pracht. Nachmals wurde sie zur Zeit der Völkerwanderung mehrfach geplündert und theilweise verwüstet, so dass jetzt nur noch Trümmer von der alten Herrlichkeit vorhanden sind.

5. §. 3. *Fortsetzung.*

Zu den Merkwürdigkeiten in und um Rom rechnet man: die *portae* (z. B. *Capena, Collina, Triumphalis*); die *pontes* (als: den *Sublicius, Mulvius*); die *viae* (theils Strassen, wie die *via sacra,* theils Landstrassen, wie die *via Appia,* angelegt von Appius Claudius Caecus (312), von Rom nach Capua, späterhin fortgeführt bis nach Brundisium; sie gab, wie andere Hauptstrassen, die Länge des Wegs durch Meilenzeiger, *lapides, miliaria* in einer Entfernung von je 1000 *Passus* an; die *via Flaminia* über den *pons Mulvius* nach Etrurien); die *fora* (wie das *forum Romanum* oder *magnum* zwischen dem capitolinischen und palatinischen Berge, ein von der *curia Hostilia,* mehreren Tempeln, Basiliken, Porticus und *tabernae* umgebener offener Platz, zu Volksversammlungen bestimmt; auf demselben stand die Rednerbühne (*rostra*) und ein Theil des forums bildete das *comitium,* den Versammlungsplatz der Curien); die *campi* (wie der *campus Martius* ausserhalb der Stadt an der Tiber, der anfangs den Tarquiniern gehört haben soll, später aber zu Volksversammlungen und gymnastischen Uebungen diente); die *templa* als: *Iovis Feretrii, Statoris, Capitolini, Vestae, aedes Con-*

*cordiae, templum Apollinis Palatini*); die *'theatra* (wie das des Pompeius, das erste steinerne Theater, das des Marcellus, gebaut von August); die *amphitheatra* (wie das a. *Flavium*, späterhin *Colosseum* genannt, aufgeführt unter Vespasian); die *circi* (wie der *circus Maximus*, den schon Tarquinius Priscus — wenn auch nicht als stehendes Gebäude — zu Wettrennen einrichtete, *circus Flaminius*); die *curiae* (wie die *Hostilia* auf dem *forum*); die *porticus*, *basilicae* (Gebäude zu Handelsgeschäften und späterhin auch um Gericht darin zu halten, die älteste *b. Porcia*, gebaut von Cato d. A. 184); *thermae* (öffentliche Bäder und Vergnügungsstätten, der Kaiserzeit eigenthümlich und den Griechen nachgeahmt); *aquaeductus* oder *aquae* (die älteste, *Appia*, angelegt von demselben, wie die Appische Strasse); *cloacae* (die älteste, *cloaca maxima*, wird Tarquinius Priscus oder Tarquinius Superbus zugeschrieben); *arcus*, *columnae* etc. Von diesen Bauwerken des Alterthums haben sich noch einzelne Ruinen und Fragmente erhalten, z. B. von Vespasian's Amphitheater (jetzt *Coliseo*), *moles Hadriani* (jetzt *St. Angelo* oder die Festung Engelsburg), Trajan's Ehrensäule, Bäder, Ueberreste von der Appischen Strasse und so weiter.

---

## Geschichte der römischen Staatsverfassung.

### §. 1. *Roms Ursprung.*

6.

Italien war zur Zeit der Gründung Roms von verschiedenen Völkerstämmen bewohnt, denn abgesehen von den autochthonen Ligurern und den wahrscheinlich aus Griechenland gekommenen im Süden angesessenen Japygen, in deren Nähe sich viele griechische Colonien niedergelassen haben, finden wir die Etrusker und die indogermanischen Einwanderer. Die ersten, räthselhaften Ursprungs und von dem rechten Tiberufer dem Meere entlang bis zu den rhätischen Alpen wohnend, besassen frühzeitig eine gewisse Cultur und eine ausgedehnte Herrschaft. Die Indogermanen, von den Griechen zusammen Opiker genannt, zerfielen in Latiner und Umbrer, von denen jene den westlichen, diese den östlichen Theil der Halbinsel einnahmen. Dem latinischen Hauptstamm gehörten die Ausones, dem umbrischen aber die Sabini, Samnites, Marsi, Volsci, Aequi, Hernici und Picentes an. Von dem latinischen Volke, welches an der Tiber angesiedelt war und in mehreren

verbündeten Staaten lebte; stammt nach dem Zeugniss der Schriftsteller Rom, das nach der gewöhnlichen Sage von Romulus auf
dem palatinischen Berge um das J. 751 (nach der aera Catoniana)
oder 753 (nach der aera Varroniana) vor Christi Geburt gegründet
wurde. Die älteste Geschichte der Stadt ist sehr dunkel. Die Nachrichten der alten Schriftsteller sind entweder fabelhaft oder in andern
Rücksichten nur wenig wahrscheinlich, und oft von der Ansicht
späterer Zeiten hergenommen. Soviel sehen wir indess, dass der
römische Staat im Anfang sich auf die Stadt und deren nächste
Umgebung beschränkte, dass er ursprünglich in keinem näheren
Verhältniss zu den umwohnenden verwandten Völkern stand, sondern eine selbstständige, oft feindliche Stellung gegen dieselben be-
hauptete, und dass er schnell sowohl an innerer Stärke durch feste
Staatseinrichtungen, die zum Theil von dem etruskischen und andern umliegenden Staaten entlehnt waren, als auch an Volksmenge
durch Einwanderungen und Eroberungen zunahm. Viele Sagen,
durch spätere Staatseinrichtungen unterstützt (die Tribuseintheilung,
Patricier, Clienten und Plebeier), deuten darauf hin, dass sich das
Römervolk durch Verschmelzung zweier Stämme bildete, und nach
und nach durch Eroberungen und Einwanderungen wuchs.

7.
### §. 2. Periode der Könige.

Rom wurde anfangs von Königen regiert, die auf Lebenszeit
gewählt wurden, aber nicht ganz unbeschränkte Gewalt besassen.
Sie waren die höchste verwaltende und richtende Behörde, hatten
die Anführung im Kriege und die Leitung eines Theils des öffentlichen Gottesdienstes, die Gewalt aber theilten sie mit dem Rathe
oder den auserwählten Vertretern der patricischen Geschlechter
(senatus) und der Volksversammlung (populus, comitia curiata).
Die Königsgeschichte, wie sie die Schriftsteller überliefert haben,
enthält, bei aller ihrer Dunkelheit und dichterischen Ausschmückung,
viele wirkliche Facta, und zeigt deutlich das Gepräge der Eigenthümlichkeiten, die das römische Volk sein ganzes Leben hindurch
an sich trug. So finden wir bereits hier jenes militärische Herr-
schertalent und die Begierde nach Vergrösserung durch Vernich-
tung der überwundenen Nationen oder Einverleibung derselben in
den römischen Staat, und durch die Anlage von Colonien (Romulus, Tullus Hostilius, Ancus, die Tarquinier, Servius Tullius' militärische Volkseintheilung), Sinn für Ordnung in

den bürgerlichen Verhältnissen durch Gesetze und feste Einrichtungen (Romulus, Servius Tullius), Sinn für strenge Scheidung des Besitzes als Grundlage des Rechtswesens und politische Rücksicht auf Vermögen (Servius Tullius), Ehrfurcht gegen die Götter und Anerkennung des Einflusses der Religion auf die Befestigung der bürgerlichen Einrichtungen (Numa Pompilius, Ancus Martius), Wohlgefallen an prächtigen und dauerhaften öffentlichen Bauten, gleichsam im Vorgefühl der künftigen Grösse der Stadt (die Tarquinier). Die wichtigste aller politischen Veränderungen unter den Königen war die von Servius Tullius vorgenommene Eintheilung der Bürger nach ihrem Vermögen in Classen und Centurien, durch die der erste Schritt zur Ausfüllung der tiefen Kluft zwischen den beiden Ständen des römischen Reichs und zur Herbeiführung einer festeren Organisation für die Plebeier in einer Staatsverfassung gethan war, welche die Lasten des Kriegsdienstes und der Abgaben unter die vermögenderen Bürger vertheilte, diesen aber auch zugleich den wesentlichsten Einfluss auf die Regierung zugestand.

### §. 3. *Vom Anfang der Republik bis auf die Decemvirn.* 8.

Im J. 509 wurde das Königthum mit einer republikanischen Verfassung unter zwei, jährlich gewählten Consuln vertauscht. Ohne Zweifel wurde mit dem Uebergang der eingeschränkten Königsgewalt auf die beiden Consuln und auf die schon vorher vorhanden gewesenen Quästoren (siehe unten §. 50) nicht die ganze Grundform der Staatsverfassung verändert. Nur ist es natürlich, dass der Senat, als eine ständige Behörde neben den wechselnden Consuln, und die Centuriatcomitien, die nun jährliche Wahlversammlungen wurden, nach und nach grössere Bedeutung erhielten. Noch bestand die scharfe Abscheidung unter den Ständen. Das von der Verpflichtung zum Kriegsdienst gedrückte Volk, welches von der Benutzung des *ager publicus* (d. i. diejenigen von Feinden eroberten Ländereien, deren Benutzung Einzelnen gegen eine Abgabe vom Staate überlassen werden konnte) ausgeschlossen war und sich mit unbedeutenden Feldanweisungen begnügen musste, wurde bei dem Verfall seines Wohlstandes den reichen Patriciern immer mehr verschuldet. Endlich wurde jedoch der Druck für die Plebeier, deren Masse fortwährend zunahm, während die abgeschlossene Classe der Patricier sich im Verlauf der Zeit verminderte, zu schwer, und wir sehen sie jetzt in einen Kampf gegen die Patricier treten, der zwar eigentlich nur die Stellung der zwei Bürgerclassen zu einander betraf, im Laufe der Zeit aber einen wesentlichen Einfluss auf die Entwickelung von Roms Staatsform hatte. Der wichtigste Schritt zur Gleichstellung der Plebeier, denen es bis dahin an einem Vereinigungspunkt unter einer gesetzlichen Auctorität fehlte, geschah im J. 494, wo sie nach heftigen Streitigkeiten eine eigene Vertretung erlangten, nämlich Volkstribunen und plebeiische Aedilen, die das Volk schützen sollten. Die Tribunen hatten anfangs bloss ein Veto in den Angelegenheiten der Plebeier, aber bald (491) nahmen sie aus dem Processe Coriolan's Anlass, das Volk *tributim* (d. i. nach einer von Servius Tullius eingeführten Eintheilung nach Bezirken) zu versammeln, um über Feinde des Volkes zu richten, und in diesen Comitien, wo sie den Anordnungen des Senats, der Gewalt der Augurn und timokratischen Beschränkungen nicht unterworfen waren, verschafften sie sich bald einen Einfluss auf die allgemeinen Angelegenheiten des Staates, besonders nachdem durch das Gesetz des Tribun Volero Publilius (471) durchgesetzt war, dass die Wahl der plebeiischen Beamten in den *comitia tributa* vorgenommen werden sollte, wodurch sie sich von der Einwirkung der Patricier frei machten. Ungeachtet dieser Fortschritte der Plebeier behielten die Patricier doch noch einen starken, durch die Religion unterstützten Einfluss, den sie besonders in den *comitia curiata* ausübten, die jetzt dazu bestimmt waren, die Gesetze und Wahlen der Centuriatcomitien durch die Auspicien zu bestätigen und den Magistraten das *imperium* zu geben; aber selbst auf die *comitia centuriata* wirkten sie durch die Auspicien, durch den in denselben präsidirenden patricischen Consul und durch ihre Clienten stark ein. Auch hielten die reichen Plebeier gewöhnlich zu den Patriciern, da sie vielfach gleiches Interesse hatten.

9.  §. 4. *Von den Decemvirn bis zum licinischen Gesetz.*

Indess trat die Volksgewalt kräftiger und mit entschiednerem Widerstand gegen die Regierung auf nach der Aufhebung des Decemvirats (449), das, unter einstweiliger Einstellung der Functionen der übrigen Magistrate, zur Verschmelzung der vielen verschiedenen Bestandtheile des römischen Staates durch eine umfassende und gleichmässige Gesetzgebung, errichtet worden war.

Die Kräfte des Volkes, die zur Aufhebung des Decemvirats in Bewegung gesetzt waren, wirkten jetzt sehr nachdrücklich zur Herstellung des Gleichgewichts zwischen den Ständen. Neben den Centuriatcomitien, welche die höchste Gewalt, Gesetze zu geben und die Magistrate zu wählen, hatten, hoben sich die *comitia tributa*, als die Beschlüsse der Plebs durch die *lex Valeria Horatia* (449), welche später durch andere Gesetze genauer bestimmt und bestätigt wurde, eine gewisse Gesetzeskraft erhielten (s. §. 36). Ein grosser Schritt zur Verschmelzung der Stände geschah hierauf durch die *lex Canuleia* (445), welche das *connubium* oder Recht ehelicher Verbindung zwischen Patriciern und Plebeiern bewirkte. Ein anderer gleichzeitiger Vorschlag wegen des Zutritts der Plebeier zum Consulat, den die Patricier eifrig bekämpften, veranlasste die Einführung einer neuen Amtsform, der *tribuni militum consulari potestate*, wozu auch Plebeier gewählt werden konnten, und welche die Geschäfte des Consulats mit einer anderen neuen, bloss patricischen Magistratur, der Censur (443), getheilt zu haben scheinen. In den folgenden Jahren wechselten Consuln und *tribuni militum* ab, die jedoch auf den Grund einer gewissen Mässigung von Seiten des Volkes, verbunden mit dem ererbten Ansehen der Patricier und der pecuniären Abhängigkeit der Plebeier, lange Zeit fast bloss aus den Patriciern gewählt wurden. Indess konnten alle Bemühungen der Patricier das, was die Zeit heischte, das Gleichgewicht der Stände, nur auf eine Zeitlang hinausschieben, aber nicht verhindern.

§. 5. *Vom licinischen Gesetz bis auf die Gracchen.*   10.

Unter dem harten Drucke, der nach dem gallischen Kriege (390) auf den Plebeiern geruht hatte, wurden die licinischen Vorschläge durchgesetzt (367), die dem Volke nicht bloss Vermögensvortheile und ökonomische Erleichterungen verschafften, sondern auch den Zutritt zu einer von den beiden Consulstellen öffneten. Dagegen wurde zugleich eine patricische Magistratur, die Prätur, und die curulische Aedilität eingeführt, die gleich anfangs bestimmt gewesen zu sein scheint, abwechselnd mit Patriciern und Plebeiern besetzt zu werden. Die Gleichstellung der Stände schritt nun rasch fort, doch so, dass anfänglich eine bestimmte Theilung des Einflusses stattfand. Nach 342 finden wir keine zwei patricische Consuln mehr. Auch zur Dictatur, Censur, Prätur, endlich sogar zu den meisten Priesterämtern *(lex Ogulnia* 300) wurde den Plebeiern allmälig der Zutritt geöffnet. Das publilische Gesetz (339) dehnte das valerische über die Gesetzeskraft der Plebiscite weiter aus; das hortensische (286) machte diese endlich ganz unabhängig vom Senat; und von jetzt an kann man den Stand der Patricier als politisch aufgelöst, und die alte aristokratische, auf die Mitwirkung des Senats überall berechnete Regierungsform als wesentlich verändert betrachten. Die Centuriatcomitien bestanden noch fort in ihrer Kraft, aber die Curiatcomitien sanken zu einer blossen Form ohne Bedeutung herab. Nach und nach starben auch immer mehr patricische Geschlechter aus, und andere gingen zu den Plebeiern über; doch erhob sich auf den Trümmern dieses Standes allmälig ein neuer Amtsadel, gebildet aus patricischen und plebeiischen Familien, und gegründet auf die Abstammung von Personen, welche die curulischen Ehrenstellen (das Consulat, die Prätur und Aedilität) bekleidet hatten. Dieser Adel *(nobilitas)* trat allmälig durch Verbindungen unter sich enger zusammen, und schloss Andere von den höheren Aemtern aus, besonders da die grossen Kosten der Aedilität nur Einzelnen die Uebernahme dieser Stellen möglich machten, welche nachher wieder durch die Verwaltung von Provinzen und Kriegsbeute das Vermögen des Adels ins Ungeheure vergrösserten. Indessen war doch der Gang der Staatsverwaltung im Ganzen bis zum dritten punischen Krieg fest und ruhig. Das Recht der Gesetzgebung und der Magistratswahlen war in den Händen des Volkes, welches auch die *iudicia publica* in den Comitien ausübte oder die Leitung derselben dem Senat und den Magistraten übertrug. Der Senat hatte die eigentliche Regierungsgewalt, führte die Oberaufsicht über die Provinzen und die Staatseinkünfte, und aus seinen Mitgliedern wurden die Richter gewählt. Die grossen Anstrengungen, die die Kriege gegen die italischen Völker, besonders die Latiner und Samniter, und später die Kriege gegen Pyrrhus, die Karthager, Illyrier, Antiochus den Grossen und Perseus erforderten, hatten im Allgemeinen Einigkeit und kräftige Regierung zur Folge. In dieser Periode beginnt die Bildung eines Römerreiches *(imperium Romanum)*, erst durch Bundesverfassung (etwa seit dem J. 338), später durch Aufnahme von Provinzen (seit dem ersten punischen Kriege).

§. 6. *Von den Gracchen bis zum Bundesgenossenkrieg.* 11.

Als aber mit **Karthago's Fall** (146) Roms Herrschaft entschieden war, zeigte sich im öffentlichen und Privatleben deutlich
eine gewisse Erschlaffung. Fremde Cultur und mit ihr üppigere
Sitten fanden immer mehr Eingang in Rom; zur Begierde nach
Eroberungen gesellte sich die Begierde nach Plünderungen und
willkürliche Behandlung der Ueberwundenen. Allmälig verschwand
die alte Einfachheit und die republikanische Achtung vor dem
Staat und dessen Heiligkeit, und egoistische Zwecke machten sich
überall geltend. Dies zeigte sich besonders in dem heftigen Streit,
der jetzt zwischen der Adelsaristokratie (*optimates*) und der Volkspartei (*populares*) sich entspann. Auf der einen Seite bildete der
Senat und die Nobilität eine mächtige Faction, in deren Händen
das Consulat beständig ruhte, und die zum Theil unterstützt wurde
durch die von ihr abhängigen römischen Ritter, deren Classe ihren
ursprünglichen militärischen Charakter nach und nach verlor und
durch Pachtung der Staatseinkünfte zu grossen Reichthümern gelangte. Die conservative Partei nahm die alte Staatsordnung und das
Ansehen des Senats in Schutz, bildete aber zugleich eine drückende
Aristokratie, die dadurch, dass sie sich den *ager publicus* grösstentheils zueignete und die Besitzer geringeren Landeigenthums verdrängte, zu ungeheueren Gütern gelangte, die ihre Sclaven bear-
beiteten, während die verarmten Landleute grossentheils nach
Rom zogen und die Zahl der missvergnügten Bürger vermehrten.
Alles dieses veranlasste bald eine Reaction von Seiten des Volks.
Die Gesetze, welche die Tribunen Ti. **Gracchus** († 133*)* und C.
**Gracchus** († 121) vorschlugen (besonders die *lex agraria*, eine
Erneuerung des licinischen Gesetzes, dass Niemand mehr als 500
*iugera* vom *ager publicus* und ebenso viel für zwei Söhne besitzen,
und das Uebrige unter die armen Bürger vertheilt werden sollte),
bereiteten ihnen selbst zwar den Untergang, ohne der Sache des
Volks für den Augenblick einen Vortheil zu verschaffen; aber der
Anfang zur demokratischen Reaction war doch gemacht, und das
Resultat war unter andern die Trennung der Gerichte vom Senat
und das Hervortreten der Ritter als eines abgesonderten und selbstständigen Standes. Erst im jugurthinischen Kriege (112—106) wo
das sittliche Verderben und namentlich die grosse Bestechlichkeit
der Nobilität ungescheut hervortrat, erlitt der Adel eine bedeutende
Niederlage, als der Vorschlag des Tribunen **Mamilius**, eine strenge

Untersuchung gegen die bestochenen Magistrate vorzunehmen, durchgesetzt (110), und ein *homo novus*, C. Marius, zum Consul gewählt wurde. Auch M. Tullius Cicero war ein solcher.

12. §. 7. *Vom Bundesgenossenkrieg bis zum Untergang der Republik.*

Je mehr Rom seine Herrschaft ausdehnte, desto deutlicher zeigten sich die Mängel der alten Staatsverfassung, in der kein Unterschied zwischen Stadt- und Staatsverwaltung, sondern alle Ausübung von Rechten an die persönliche Gegenwart in Rom gebunden war. Auch in anderen Hinsichten beschränkte sich die ganze Sorge des Staates auf diese Stadt; nur dort wurde der religiöse Cultus auf öffentliche Kosten bestritten; nur dort sorgte man durch Spiele und Schauspiele für die Belustigung des Volkes und durch Kornaustheilung für die Unterstützung der Armen. Desto verderblicher wurden daher auch die Folgen des Bundesgenossenkrieges (91), durch welchen das latinische und italische Volk sich das Bürgerrecht erzwang, das ihnen schon die Gracchen zu verschaffen gesucht hatten, um die Volkspartei mit einer Menge freier und unabhängiger Bürger zu verstärken. Durch diese Masse von Bürgern, die man ohne eine Repräsentativ-Verfassung oder eine andere entsprechende, durchgreifende Veränderung in der Form der Staatsverwaltung in den Staat aufnahm, entstand eine grosse Verwirrung aller Verhältnisse. Der bessere Theil der Bewohner Italiens, welchen Eigenthum und andere Interessen an die Heimath fesselten, blieb natürlich von aller thätigen Theilnahme an der Regierung ausgeschlossen. Dagegen strömte eine Menge armer und zügelloser Menschen, angelockt durch die öffentlichen und Privat-Geschenkaustheilungen, von allen Seiten zusammen, und bildete in Rom eine Masse, die sich den Leuten, welche sich auf Kosten des Staates emporschwingen wollten, leicht hingab. Zwar trat zu Gunsten der Adelspartei eine Reaction ein durch Sulla (81), der die Tribunengewalt beschränkte, dem Senate die *iudicia* zurückgab, und die alte Verfassung wieder herzustellen suchte. Allein diese Veränderung konnte unter den gegenwärtigen Verhältnissen keinen dauernden und wesentlichen Einfluss äussern. Dagegen war das erste Beispiel gegeben, dass ein Feldherr die ihm übertragene Gewalt zu seinen eigenen Absichten benutzte, und damit zugleich der Weg zur militärischen Despotie und zum Bürgerkriege gebahnt. Unter dem Consulate des Crassus und Pompeius (70) erhielt das Volk seine Rechte zurück, wurde aber ein blosses Werkzeug in den Händen der grossen uud talentvollen Machthaber, die jetzt durch Volksgunst, Soldatengewalt, Verbindungen und Reichthümer zu einem Alles überwiegenden Einfluss gelangten, während das Ansehen des Senats immer tiefer sank (Pompeius, Caesar, Crassus). Die Streitigkeiten dieser unter einander endeten damit, dass Caesar an die Spitze des Staates kam, und sich alle wichtigen Aemter und zuletzt eine immerwährende Dictatur (45) ertheilen liess. Caesar's Tod (44) war zwar eine Wirkung des republikanischen Geistes, allein dieser lebte nicht mehr in der Masse des Volkes. Daher entstand bald eine neue Verbindung zwischen Antonius, Lepidus und Octavian, aus der endlich Octavian's Alleinherrschaft hervorging (30). Dieser vereinigte unter dem Namen *princeps* alle Gewalt in seiner Person, liess aber, in kluger Berücksichtigung der Ehrfurcht der Römer für die alten Formen, den Senat und die meisten obrigkeitlichen Aemter dem Namen nach fortbestehen; und so wurde auch unter den folgenden Kaisern (*principes, imperatores, Caesares, Augusti*) ein grosser Theil der alten Formen, jedoch mit Ausschluss der unmittelbaren Wirksamkeit des Volkes, lange während der Kaiserzeit beibehalten, bis zuletzt auch diese Schatten des alten Rom verschwanden, als jene grossen Veränderungen, nämlich die Veränderung in der Verwaltung, die unter Diocletian begann, die Verlegung der Hauptstadt nach Constantinopel und die Erhebung des Christenthums zur Staatsreligion unter Constantin, und endlich die Theilung des Reiches, allmälig eintraten.

---

## Einwohner des römischen Reichs.

§. 1. *Eintheilung derselben.* 13.

Die Einwohner des römischen Reichs waren theils Freie, theils Sclaven. Die Freien waren entweder *cives* (*populus Romanus, populus Romanus Quiritium*), oder *peregrini*, welcher Name auch die untergeordneten Völker ohne Antheil am römischen Bürgerrecht umfasste (s. §. 28).

### A. Von den *cives* und der *civitas.*

§. 2. *Natur und Wesen des Bürgerrechts.* 14.

Das Wort *civitas* bedeutet sowohl die Bürgergemeinde selbst, als den Inbegriff der dadurch bedingten Rechte und Pflichten des einzelnen Mitglieds dieser Gemeinde. — Rom war anfangs von anderen, zum Theil verwandten Völkern umgeben, trat aber mit diesen nicht in nähere Verbindung. Selbst als der Staat sich später zum latinischen Bunde gesellte, benahm er sich nicht wie einer von den latinischen Staaten, sondern trat, ihnen allen gegenüber, selbstständig auf und strebte bald nach der Oberherrschaft. In Folge dieses Verhältnisses stellt sich die Civität frühzeitig als ein scharfer Unterschied zwischen Bürgern und Fremden (*peregrini*, ursprünglich *hostes*) im öffentlichen und Privatleben heraus. Aber auch unter den Bürgern selbst bestand ein fast eben so strenger Unterschied, indem eine ganze Bürgerclasse (*plebeii*) von den wichtigsten Rechten ausgeschlossen war. Dieses Missverhältniss glich sich jedoch nach und nach aus, und alle Bürger erhielten gleiche Rechte und Verpflichtungen.

15.      §. 3. *Fortsetzung.*

Die wichtigsten bürgerlichen Rechte im öffentlichen Leben waren: das Stimmrecht über Staatsangelegenheiten in den Comitien, *ius suffragii*, welches nur persönlich in Rom ausgeübt wurde, und das Recht Ehrenstellen zu bekleiden, *ius honorum*. Ausserdem war die Person des römischen Bürgers auf mehrfache Weise durch die Gesetze geschützt. Schon kurz nach Vertreibung der Könige erlangte man durch das Gesetz des Valerius Publicola die Provocation an das Volk gegen die Willkür obrigkeitlicher Personen. Dieses Gesetz wurde nachher öfters erneuert und bestätigt. Spätere Gesetze (*leges Porciae*) schafften die körperliche Züchtigung ab und gestatteten die Wahl des Exils statt der Todesstrafe. In privatrechtlicher Hinsicht erweist sich die Civität als eine Befugniss zur Theilnahme an allen besonderen römischen Rechtsverhältnissen, also theils als *connubium* oder das Recht eine nach römischem Recht gültige Eheverbindung einzugehen; theils als *commercium* oder die Befugniss, in strengeren Eigenthums- und gegenseitigen Contractsverhältnissen zufolge römischen Gesetzbestimmungen zu stehen. Mit der wachsenden Macht des Staates erhielten die römischen Bürger noch andere Vorrechte auf Kosten der Ueberwundenen. So waren sie von der Eroberung Macedoniens (168) an bis zum Consulat des Hirtius und Pansa (43) frei von allen directen Abgaben. Ausserdem konnten sie als Mitglieder des herrschenden Volkes frei und sicher überall im Römerreiche verkehren, konnten Güter erwerben und Geschäfte treiben und waren im Handel und Wandel sehr begünstigt vor den Provinzialen, die in vielen Hinsichten nachstanden. Die römischen Bürger hatten eine Nationaltracht (*toga*); sie waren alle in eine von den 35 *tribus* aufgenommen, und ihre Namen in die öffentlichen Listen (*tabulae censorum*) eingetragen, in die sich bisweilen auch Unberechtigte einzuschleichen suchten. Der Inbegriff sämmtlicher Rechte eines römischen Bürgers hiess *caput*.

### §. 4. Umfang und Erweiterung der Bürgergemeinde. 16.

Von einem geringen Anfang vergrösserte sich die Bürgergemeinde nach und nach durch Eroberungen und Einwanderungen. Die Einwohner mehrerer besiegter Nachbarstädte wurden in den älteren Zeiten theils nach Rom geführt, theils verblieben sie in ihren Städten, in beiden Fällen aber unter schlechteren Bedingungen, als die übrigen römischen Bürger. Sie erhielten die sogenannte *civitas sine suffragio*, durch die sie mit gänzlicher Auflösung des eigenen politischen Lebens von anderen verwandten Völkern streng geschieden, den römischen Gesetzen unterworfen wurden, und alle Lasten, Abgaben und Kriegsdienste tragen mussten, ohne an der Staatsverwaltung Theil zu nehmen. Allmälig bekamen sie jedoch das volle Bürgerrecht, zuerst die näheren (latinischen und sabinischen) Städte, später die entfernteren (volscischen und campanischen), und nach der Besiegung der hernicischen und aequischen Städte (um das J. 303) wird keine neue Aufnahme von *cives sine suffragio* erwähnt. Im Bundesgenossenkriege wurden zufolge der *lex Iulia* (90) die latinischen und italischen Völker, die vorher *socii* gewesen waren und sich nicht am Kriege betheiligt hatten, in die Civität aufgenommen, und im J. 89 wurde durch die *lex Plautia Papiria* das Bürgerrecht allen freien Bürgern in den italischen Bundesstaaten gegeben, sobald sie nachwiesen, dass sie zur Zeit, als das Gesetz gegeben wurde, ihren Wohnsitz in Italien hatten, und innerhalb 60 Tagen sich bei dem römischen Praetor meldeten. Von jetzt an ertheilte man das Bürgerrecht ohne besondere Sparsamkeit, vorzüglich nach dem Untergang der Republik. Julius Caesar gab den Transpadanern, ja sogar einigen transalpinischen Völkern das Bürgerrecht, der Kaiser Claudius verkaufte es für Geld, Caracalla schenkte es endlich allen damaligen freien Einwohnern des ganzen Reichs.

17.     §. 5. *Erwerbung und Verlust des Bürgerrechts.*

Die Civität erlangte man durch die Geburt (wenn beide Eltern, oder doch die Mutter, Bürger waren), oder durch Aufnahme zufolge eines Gesetzes (entweder unmittelbar vom Volke oder von einer dazu ermächtigten Obrigkeit), oder durch Freilassung (*manumissio*). Man verlor sie durch den Verlust der Freiheit (Gefangenschaft, Sclaverei nach öffentlichem Urtheil), durch den Uebergang in eine andere Civität, durch *exilium*, durch Auslieferung an den Feind, und in der Kaiserzeit durch Deportation. Doch konnte man unter gewissen Umständen die Civität und seine früheren Rechte wieder erhalten. Wer aus der feindlichen Gefangenschaft zurückkehrte, trat durch *postliminium* in den vollen Besitz seiner alten Rechte ein. Verlust oder Beschränkung der bürgerlichen Rechte hiess *deminutio capitis.* Der höchste Grad derselben bestand in dem Verluste des Bürgerrechts und der Freiheit (*capitis deminutio maxima*), ein geringerer bloss im Verlust des Bürgerrechts (*media*), und der geringste im Verlust gewisser persönlichen Rechte beim Uebergang in eine andere persönliche Stellung, z. B. bei der Adoption (*minima*).

18.  §. 6. *Verschiedene Classen und Abtheilungen unter den Bürgern.*

Unter den römischen Bürgern gab es mehrere Unterschiede, die sich auf Abkunft, Vermögen, Wohnsitz und andere Verhältnisse gründeten. Diese hatten zu verschiedenen Zeiten verschiedenes politisches Gewicht. Einige verschwanden allmälig, wenn auch nicht dem Namen, doch ihrer Bedeutung nach, während sich andere neue bildeten. Die alte Eintheilung in Stämme (*tribus*), nebst dem älteren Patronats- und Clientelverhältniss, erlischt schon im Dunkel der früheren Geschichte. Längeren Bestand hatte die Eintheilung in Curien und die Unterscheidung zwischen Patriciern und Plebeiern, aber sie verlor doch allmälig ihre politische Bedeutung. Dagegen war die Eintheilung in Classen, Centurien und Tribus von bleibenderem Einflusse. Im Laufe der Zeiten bildete sich der Unterschied zwischen *nobiles* und *ignobiles*; auch traten die *equites* als ein eigener Stand (*ordo*) von politischer Wichtigkeit neben dem Senate hervor. Ausserdem können wir noch zwischen den Einwohnern Roms und den, bei der Erweiterung des römischen Staates entstandenen, Bürgern oder Einwohnern der Bürgercolonien,

Municipien und Präfecturen, und endlich hinsichtlich der Geburt und gewisser bürgerlichen Rechte zwischen Freigebornen und Freigelassenen unterscheiden.

## §. 7. *Patricii und Plebeii.* 19.

Livius und Dionys erzählen, dass die Patricier Nachkommen derjenigen Senatoren waren, die Romulus gewählt hatte, und die nachher unter den folgenden Königen vermehrt wurden. Eine so scharfe Sonderung und so ungleiche bürgerliche Stellung, wie die der Patricier und Plebeier, kann indessen nicht durch eine willkürliche Wahl entstanden sein; wir müssen uns vielmehr die Patricier als die ursprünglichen Bürger mit vollständigen Rechten, eingetheilt in *tribus, curiae* und *gentes* oder grosse auf gemeinsamer Abstammung und gemeinsamen *sacris* beruhende Verbindungen denken. Als eine Auswahl von diesen Bürgern oder vielleicht auch als eine Repräsentation der *gentes* haben wir uns den Senat, und die Vermehrung desselben als eine Folge der vergrösserten Zahl der Patricier, vorzustellen. Die Plebeier dagegen bildeten die Masse der Einwohner ausserhalb der abgeschlossenen, aus Patriciern bestehenden *gentes*, entstanden durch Versetzung oder Einwanderung nach Rom. Die Patricier waren von den Plebeiern dadurch gänzlich abgeschlossen, dass zwischen ihnen keine bürgerlich gültige Eheverbindung Statt fand; sie hatten ausschliesslich das Stimmrecht in den Curiatcomitien und Zutritt in den Senat, Anspruch auf die Verwaltung der Magistraturen und Priesterämter, das Vorrecht, den *ager publicus* oder die eroberten öffentlichen Ländereien in Besitz zu nehmen und gegen eine gewisse Abgabe zu benutzen, während die Plebeier sich mit unbedeutenden Anweisungen weniger Grundstücke begnügen mussten; endlich waren sie in sacraler Beziehung die geborenen Vermittler zwischen den Göttern und dem Staat und hatten desshalb die Auspicien und die Rechtsinterpretation in ihren Händen. Inzwischen nahmen die Plebeier durch die Aufnahme überwundener Volksstämme sowohl an Zahl als an Bedeutung zu. Seit Servius Tullius' Zeit hatten sie eine festere Organisation erhalten, und gelangten nun allmälig zu gleichen Rechten mit den Patriciern. Durch das *connubium* vermischten sich die *gentes*; die patricischen starben nach und nach aus, so dass zu Caesar's Zeit nur noch 50 *gentes* übrig waren. Desshalb liessen Caesar (*lex Cassia*) und Augustus (*lex Saenia*) mehrere plebeische

Familien unter die patricischen Gentes aufnehmen, was auch die Kaiser einigemal mit Zuziehung des Senats thaten (*lectus inter patricias familias*).

20.                      §. 8. *Patroni und clientes.*

Nach dem Bericht der Alten verband Romulus Patricier und Plebeier unter einander durch ein enges Verhältniss als Schutzherren und Schützlinge. Der Patron sollte vor Gericht und in anderen Fällen seinen Clienten vertheidigen und ihn unterstützen, wenn er in Noth war; dieser hingegen zur Ausstattung der Töchter seines Patrons beitragen, und Geldstrafen und Lösegeld für denselben bezahlen; sie durften gegen einander weder klagen noch zeugen. Das Clientelverhältniss erbte fort. Inzwischen stellen sich die Clienten in mehreren Beziehungen als verschieden von den Plebeiern, ja sogar anfangs als deren Gegner heraus; und es wird daher wahrscheinlich, dass man die Clienten als früher unterworfene Völker betrachten muss, die in ein näheres, wiewohl untergeordnetes Verhältniss zu den Patriciern gebracht waren, während die späterhin durch Eroberungen angewachsene Masse der *plebs* in keine solche Verbindung trat. Die Clientel, als ein den Patriciern eigenthümliches Verhältniss, hörte späterhin auf und dauerte nur dem Namen nach in anderer Art fort als ein freiwilliges, untergeordnetes Verhältniss zwischen Armen und Reichen, Geringen und Mächtigen, und bestand von der einen Seite darin, des Morgens die Aufwartung zu machen (*salutare*), bei dem Ausgehen namentlich auf das *forum* und den *campus* zu begleiten (*deducere*) und dergleichen; von der andern in Einladungen zum Mahl, Geldgeschenken (*sportula*) und anderen Unterstützungen. Auch verbündete Völker, Städte und Provinzen standen oft in einem Clientelverhältniss zu mächtigen Familien in Rom (z. B. die Allobroger zu den Fabiern, Sicilien zu den Marcellern), von denen sie sich in ihren Angelegenheiten vertreten liessen. Zwischen dem Freigelassenen und seinem früheren Herrn bestand die Clientel fort als ein gezwungenes Verhältniss in einer strengeren Form, jedoch ohne Erblichkeit. Tropisch wurden die Ausdrücke *patroni* und *clientes* in der Gerichtssprache auf die Sachwalter und die, deren Process sie führten, übergetragen.

### §. 9. *Die alten tribus und curiae.* 21.

Nach dem Zeugniss der Schriftsteller theilte Romulus das
Volk in drei *tribus: Ramnes* oder *Ramnenses, Tities* oder *Titienses*
und *Luceres* oder *Lucerenses.* Hiermit scheinen verschiedene Stämme
bezeichnet zu werden, aus deren Verbindung sich der römische
Staat nach und nach bildete, und von welchen besonders der letzte
sich später den beiden älteren angeschlossen zu haben scheint. Die
Vereinigung dieser Stämme und ihre Erweiterung, die man dem
L. Tarquinius Priscus zuschreibt, steht in genauem Zusammen-
hang mit der Vermehrung der patricischen Bürger und der Vergrösserung des Senats. Die drei *tribus* waren in 30 *curiae* oder
Abtheilungen eingetheilt, die mit einander in politischer und religiöser Verbindung standen, und von denen jede ihren *curio*, und
alle zusammen einen *curio maximus* hatten. Die Curien versammelten sich in den *comitia curiata*, den ältesten politischen Volksversammlungen; allein das ganze Institut verlor seine Bedeutung,
als die Vorrechte der Patricier verschwanden.

### §. 10. *Classes und Centuriae.* 22.

Die Eintheilung in Classen und Centurien rührt von Servius
Tullius her, der die verschiedenen Bestandtheile des Staates zu
einem Ganzen verbinden, und die Lasten des Kriegs und der Abgaben billiger unter die Reichen vertheilen, zugleich aber auch den
Antheil an der Staatsverwaltung in demselben Verhältniss bestimmen
wollte. Er machte gewisse, nach dem Vermögen bestimmte Abtheilungen (*classes*), welche zugleich zur Organisation des römischen
Heeres dienten, und gab jeder Abtheilung eine Anzahl von Centurien oder Stimmen, so dass die Reichen, obgleich der Zahl nach
die wenigsten, dennoch die meisten Stimmen erhielten. Zuerst
stimmten die 18 Centurien der *equites*, hierauf die 80 Centurien
der ersten Classe. Das Minimum des Vermögens war auf 100.000
*asses* festgesetzt. Zu dieser Classe gehörten noch 2 *centuriae*
*fabrum* (Zimmerleute und Schmiede). Die zweite Classe bestand
aus 20 *centuriae* mit einem Vermögen von 75.000 *asses.* Die dritte
Classe hatte 20 *centuriae*, und 50.000 *asses;* die vierte Classe 20
*centuriae*, und 25.000 *asses;* die fünfte Classe 30 *centuriae*, und
10.000 *asses.* Zu dieser Classe gehörten auch die Spielleute, *cornicines* und *tubicines*, in 2 *centuriae* zerfallend. Das geringere Ver-

2 *

mögen fasste nur eine nach den fünf Classen stehende und un-
eigentlich sechste Classe genannte *centuria* (*proletarii, capite censi*)
in sich, welche der Zahl nach die 193. war. Diese that selten
und nur in Nothfällen Kriegsdienste; erst M a r i u s wählte ohne
Unterschied auch aus ihr Soldaten. Jede Classe war in eine gleiche
Anzahl von *centuriae seniorum* und *iuniorum* getheilt und hatte ihre
besondere Waffenrüstung. So hat L i v i u s diese alte Einrichtung,
bei der Stand, Vermögen und Alter von Bedeutung für das politische Gewicht waren, beschrieben; andere Schriftsteller weichen
in einzelnen Punkten von ihm ab. Späterhin trat, wie auch L i -
v i u s andeutet, eine Veränderung ein, ungewiss ist jedoch, wann
(vermuthlich zwischen dem 1. und 2. punischen Kriege) und auf
welche Art; so dass die Centurien mit der Tribuseintheilung in
Verbindung gebracht wurden, indem man jede Tribus wahrscheinlich in zwei Halbtribus, *centuriae seniorum* und *iuniorum*, theilte.
Jede Halbtribus bestand aus fünf Classen und das ganze Volk aus
350 (in jeder Tribus 10). Damit war indess die Eintheilung in
Classen und die Berücksichtigung des Eigenthums nicht aufgehoben,
wiewohl sie dadurch geschwächt wurde.

23.  §. 11. *Die späteren tribus.*

S e r v i u s  T u l l i u s theilte die Stadt in vier Tribus, das Land
in eine gewisse Anzahl von *regiones* oder *tribus rusticae* oder Di-
stricte (angeblich 26). Nach Vertreibung der Könige finden sich
anfangs nur 20 *tribus*, vielleicht eine Folge des Verlustes, den der
Staat im Kriege gegen P o r s e n n a erlitten hatte; doch stieg ihre
Anzahl nachher mit dem Wachsthum des Staates allmälig bis auf
35. Die Tribuseintheilung wurde besonders bei der wachsenden
Macht der Plebeier wichtig, als die *comitia tributa* die Versammlungen der Plebeier wurden, auf welche die Patricier keinen wesentlichen Einfluss hatten. Die *tribus rusticae* waren die angesehensten, weil sie die reicheren Bürger, welche Landeigenthum besassen,
umfassten. Die vier *tribus urbanae: Palatina, Suburana, Collina,
Esquilina*, in denen die Masse des Stadtpöbels und die wenig ge-
achteten Krämer, Tagelöhner und Handwerker das Uebergewicht
hatten, standen in geringem Ansehen; und als die Freigelassenen,
die in die *tribus urbanae* eingewiesen waren, sich nach und nach
in die *tribus rusticae* einschlichen, erwarb sich der Censor Q. Fabius  M a x i m u s  R u l l i a n u s (304) und späterhin Aemilius

Scaurus (115) durch Zurückweisung derselben in die *tribus ur-*
*banae* ein grosses Verdienst um den Staat. Der Vater der Gracchen,
Tib. Sempronius, hatte ihnen als Censor (168) sogar nur eine
*tribus urbana* eingeräumt. In der Kaiserzeit verlor die Tribuscin-
theilung ihre Bedeutung.

### §. 12. Ordines.

24.

Als die politische Bedeutung des Unterschiedes zwischen Patricier und Plebeier verschwunden war, brauchte man das Wort
*plebs* meistens vom gemeineren, niederen Haufen, und in diesem
Sinne wird ihm bald die *nobilitas,* bald die höheren Stände, *ordines,*
entgegengesetzt, worunter man den Senatoren- und Ritterstand
begriff. Von den Plebeiern findet man das Wort *ordo* seltener
gebraucht.

#### a) ordo senatorius.

Livius berichtet, dass Romulus 100 Senatoren (*patres,*
welches Wort an einzelnen Stellen i. u. S. auch für *patricii* gebraucht
wird) wählte. Als die Sabiner sich mit den Römern vereinigten,
wurde ihre Anzahl auf 200 vermehrt. Tullus Hostilius nahm
nachher mehrere von den überwundenen Albanern in den Senat
auf. Endlich wählte Tarquinius Priscus Senatoren aus den
neuen patricischen Geschlechtern (*patres minorum gentium*), wodurch
die Zahl auf 300 stieg, wenn dieses nicht schon vorher durch die
Vermehrung des Tullus Hostilius geschehen war. Da diese
Zahl unter dem letzten Könige vermindert worden war, brachten
sie die ersten Consuln durch Aufnahme neuer Mitglieder (aus den
*primores equestris gradus*), die anfangs von den eigentlichen *patres*
unterschieden wurden (*patres et conscripti*), wieder auf 300. In der
Blüthezeit des Staates scheint ihre Anzahl nicht viel über 400 gestiegen zu sein. Unter Sulla und Caesar wurde sie bedeutend
vermehrt, doch verminderte sie August wieder auf 600. Der
Senat sollte in seiner Mitte die besten Kräfte des Staates (*amplis-*
*simus, maximus, sanctissimus ordo*) versammeln, und dahin zielten
die verschiedenen Bestimmungen über die Aufnahme in denselben.
Die Erfordernisse, um Senator zu werden, waren nämlich: freie
Geburt und ein bestimmtes Vermögen, in der späteren Zeit 800.000
*sestertii;* allein schon frühzeitig muss dieses ansehnlich gewesen
sein, da die Senatoren ohne Entschädigung sich auf Lebenszeit

dem Dienste des Staates widmen mussten, und es ihnen nicht erlaubt war, Handel oder ein Gewerbe zu treiben, oder öffentliche Pachtungen zu übernehmen. Die Senatoren wurden von den Königen, Consuln und späterhin von den Censoren gewählt *(legebantur)*, anfangs willkürlich, seit *lex Ovinia* aber nach gewissen Grundsätzen. Anspruch auf die Senatorwürde gewährte die Führung einer Magistratur, zu der die Quaestur die erste Stufe war (die *aetas quaestoria* war das 27ste Jahr). Obwohl ursprünglich die Senatoren nur aus Patriciern bestanden, so wurden doch schon im Anfang der Republik plebeiische Senatoren erwähnt, deren Zahl wuchs, als man die obrigkeitlichen Aemter, welche Zutritt in den Senat gaben, häufiger mit Plebeiern besetzte. Die Insignien der Senatoren waren der *latus clavus*, die *calcei lunati* der patricischen Senatoren, und seit dem J. 194 ein eigener Platz im Theater *(senatoria subsellia* bei der *orchestra)*. Uebrigens waren auch gewisse Einschränkungen mit der Senatorenwürde verbunden. Sie durften in der Sessionszeit nicht von Rom verreisen, und ohne Reiseerlaubniss Italien nicht verlassen.

### b) *ordo equester.*

Er war bei seinem Entstehen bloss eine militärische Classe. Romulus soll drei Reitercenturien, die der Eintheilung der Stämme in *Ramnes, Tities* und *Luceres* entsprachen, gebildet haben, welche aber mit der von Livius, unter dem Namen *celeres*, erwähnten königlichen Leibwache, die unter einem *tribunus celerum* stand, nicht verwechselt werden dürfen. Nach der Zerstörung von Alba soll Tullus Hostilius ihre Anzahl vermehrt haben, und Tarquinius Priscus verdoppelte die Zahl der Centurien. Servius Tullius fügte zu den sechs älteren *(sex suffragia* genannt), zwölf neue Reitercenturien hinzu, und diese achtzehn stimmten zuerst in der ersten Bürgerclasse. Sie bestanden aus den vermögendsten Bürgern, und bekamen anfänglich jeder einen *equus publicus* oder zur Anschaffung eines Pferdes das *aes equestre* und ausserdem das *aes hordearium* (s. §. 111). Bis auf die Zeiten der Gracchen hatten auch die Senatoren einen *equus publicus* und stimmten in den *centuriae equitum.* — Aus den Rittern bildete sich ein bleibender Stand von grosser politischer Bedeutung, als der *ordo equester* durch C. Gracchus (122) die *iudicia* bekam, die er bis zu Sulla's Zeit behielt. Da ausserdem viele Ritter als *publicani* durch Pachtung der Staatseinkünfte (*vectigalia*) sich grosse Reichthümer erwarben, so gelangten sie zu einem nicht geringen Einfluss. Die militärische Bedeutung des Standes verlor sich, nachdem der Dienst der frei willigen Reiter *equo privato* eingeführt worden war (s. §. 111), und nun wurden alle Freigebornen, die den *census equester* (in der späteren Zeit 400.000 *sestertii*) hatten und vom Censor unter die Ritter aufgenommen waren, für *equites Romani* angesehen. Doch dauerte die Sitte, einen *equus publicus* anzuweisen, fort, und nur diejenigen, welche einen solchen hatten, stimmten in den *centuriae equitum*, sogar nachdem die veränderte Einrichtung der *comitia centuriata* in Kraft getreten war. Noch ist zu merken die jährliche Procession der Ritter (*annua transvectio*), an der nur diejenigen Theil nahmen, die einen *equus publicus* hatten, und die Musterung der Censoren (*recognitio*) alle 5 Jahre. Die Insignien der Ritter waren *annuli aurei*, und seit *lex Roscia* im J. 67 die 14 vordersten Bänke im Theater zunächst dem Senatorenplatze. Ihre Ehren namen sind *splendidi, fortissimi*.

## §. 13. *Nobiles und ignobiles*.

25.

Während der alte Unterschied zwischen Patricier und Plebeier verschwand, bildete sich ein neuer zwischen *nobiles* und *ignobiles*. Die Magistrate waren in Rom Ehrenstellen, deren Inhaber durch Volkswahl ernannt wurden. Daher galt es für eine grosse Auszeichnung, zu denselben zu gelangen. Anfangs waren sie den Patriciern vorbehalten; als aber auch die Plebeier an denselben Antheil erhielten, entstand allmälig von selbst ohne öffentliche Sanction ein Amtsadel derjenigen Patricier oder Plebeier, deren Vorfahren curulische Aemter bekleidet hatten (s. §. 10). Da die Meisten durch die mit den Ehrenstellen, namentlich mit der Aedilität, verbundenen Kosten von der Bewerbung ausgeschlossen waren, so bildete sich nach und nach eine feste, durch Reichthum und ererbtes Ansehen so mächtige Corporation, dass es nur selten einem ausgezeichneten Talent gelang, sich zu diesem Adel emporzuschwingen (*homines novi*). Das einzige Vorrecht der Nobilität war das *ius imaginum*, eine sehr alte Sitte, die darin bestand, die wächsernen Masken der Vorfahren im *atrium* in hierzu bestimmten Schränken (*armaria*) aufzustellen. Diese Bilder waren mit einer Aufschrift (*titulus*) über des Verstorbenen Ehrenstellen versehen, und durch *stemmata* oder Festons mit einander verbunden, so dass sie zu-

sammen einen Stammbaum bildeten; bei Begräbnissen nahmen
Menschen diese Wachsmasken vor das Gesicht und zogen wie die
Ahnen angekleidet vor der Bahre einher. Aus diesen *nobiles* und
dem Senat bildeten sich die *optimates* oder die conservative Partei,
die das Ansehen des Senats und die alte Ordnung der Dinge gegen
die Bewegungspartei, die *populares*, in Schutz nahm, welche der
Volksmasse sowohl materielle Vortheile, als den grösstmöglichen
politischen Einfluss zu verschaffen strebten.

26. §. 14. *Einwohner der coloniae civium, der municipia und
praefecturae.*

Im römischen Staate gab es, zufolge seines ursprünglichen
Umfangs, keinen Unterschied zwischen Stadt- und Staatsverwaltung.
Als sich späterhin das römische Reich durch Eroberungen weiter
ausdehnte, behielt man dieselbe Grundform der Verwaltung bei.
Alle Regierung ging von Rom aus, und die Ausübung der wichtigsten bürgerlichen Rechte war an die persönliche Anwesenheit
in der Stadt gebunden. Rücksichtlich der factischen Theilnahme
an der Regierung können wir daher unterscheiden zwischen den
eigentlichen Römern und den mit der Vergrösserung Roms hinzu-
gekommenen Bürgern, von denen ein Theil (*cives sine suffragio*)
in den älteren Zeiten sich zugleich in seinen Rechten wesentlich
von den Römern unterschied.

### a) Coloni.

Die besiegten Völker wurden in der ältesten Zeit gemeiniglich zur Annahme des römischen Bürgerrechts unter schlechteren
Bedingungen (*civitas sine suffragio*) gezwungen, und eines Theils
ihres Landes beraubt (*ager publicus* s. §. 19). Zur Sicherung der
eroberten Länder sowohl gegen Ueberfälle auswärtiger Feinde als
gegen Empörung der unterworfenen Nationen, pflegte man, nach
altem etruskischen und latinischen Gebrauch, eine Colonie von römischen Bürgern, anfangs gewöhnlich 300, in dieselben zu schicken.
Die Colonisten, die demnach als eine militärische Besatzung (*prae-
sidium*) zu betrachten waren, behielten das volle römische Bürgerrecht mit dem *ius suffragii*, und traten sonach in ein bevorrech-
tetes oder übergeordnetes Verhältniss zu den alten Einwohnern,
die sich daher öfters empörten. Doch bekamen nach und nach
auch die alten Einwohner in den älteren Colonien das volle Bür-

gerrecht. Diese Colonien, welche man schon in der Königszeit zu begründen anfing, hiessen *coloniae civium*, im Gegensatz zu den sogenannten *coloniae Latinae*, die nach der Unterwerfung Latiums (338) von den verbündeten, mit den Römern verwandten Latinern unter römischer Anführung ausgeführt wurden. Häufig betheiligten sich bei denselben auch ärmere römische Bürger, wodurch sie freilich *media capitis deminutio* erlitten (s. §. 17). Nachdem lange Zeit hindurch keine *coloniae civium* ausgeführt worden waren, sandte man nach dem zweiten punischen Kriege wieder einige an Orte, die während Hannibal's Aufenthalt den Römern nicht treu geblieben waren. Später legte man einige in *Gallia cisalpina* an. Weiter hinaus erstreckte sich die Aussendung von Colonien nach der alten Einrichtung nicht. — Unter den Gracchen hatte die Ausführung von *coloniae civium* einen anderen Zweck, nämlich die Unterstützung armer Bürger. In Sulla's Zeit entstanden Militärcolonien (*coloniae militum* oder *sagatae*) zur Belohnung für verabschiedete Soldaten mit der grössten Gewaltthätigkeit und Grausamkeit gegen die bisherigen Besitzer, welche ohne weiteres vertrieben wurden. Diese dauerten auch unter den Kaisern fort, und finden sich fast in allen Provinzen.

Colonien führte man aus (*deducebantur*) nach einem *plebiscitum* auf den Antrag des Senats. Die Colonisten, die nicht etwa bloss aus schlechten oder verworfenen Bürgern bestanden (in den latinischen Colonien nach dem zweiten punischen Kriege wurden auch Ritter und Centurionen erwähnt), meldeten sich freiwillig (*nomina dabant*), doch konnten in Ermangelung von Freiwilligen auch Personen dazu bestimmt werden. Sie zogen unter der Anführung von drei Männern (*triumviri coloniis deducendis*) in militärischem Marsche (*sub vexillo*) ab nach dem Orte, dessen Gebiet nach einer alten Sitte mit dem Pfluge bezeichnet, und von welchem jedem Colonisten eine bestimmte Anzahl *iugera* angewiesen wurde. Die Verwaltung der Colonien im Innern war nach dem Muster der römischen eingerichtet und ungefähr wie die der Municipien (s. §. 100).

### b) *Municipes*.

*Municipia* heissen die Städte, deren Einwohner vorher *peregrini* gewesen, und nun *cives* geworden waren. Sie hatten also das volle römische Bürgerrecht und römische Gesetze, aber ihre eigenen Magistrate und eigene Verwaltung ihrer Gemeindeangelegenheiten. Anfangs gab es auch *municipia* ohne *suffragium;* allein nach und nach wurden alle italischen Städte *municipia cum suffragio.* In der Kaiserzeit wurden auch in den Provinzen einzelne Städte zu Municipien erhoben.

### c) *Incolae praefecturarum.*

Die *praefecturae* (z. B. Capua) waren entweder *municipia* oder *coloniae*, hatten aber ursprünglich kein *suffragium* und bekamen jedes Jahr von Rom aus einen Präfect, um Recht zu sprechen. Nach und nach bekamen sie das volle Bürgerrecht *cum suffragio*, behielten jedoch oft den Präfect und dann auch den Namen Präfecturen.

27. **§. 15. *Ingenui und libertini.***

Ein anderer Unterschied, der nicht ohne bürgerliche Bedeutung war, fand zwischen den Freigebornen (*ingenui*) und Freigelassenen (*libertini*) Statt. Siehe §. 31.

### *B.* Von den *peregrini.*

28. **§. 16. *Socii und provinciales.***

Die Nationen, welche die Römer sich in der ältesten Zeit unterwarfen, bekamen gemeiniglich ein aufgezwungenes Bürgerrecht ohne *suffragium.* Die später unterworfenen Völker erhielten den Namen *peregrini*[*]), d. h. sie traten ohne Antheil am römischen Bürgerrecht in ein untergeordnetes Verhältniss zum römischen Staate. Von diesen *peregrini* behielten Einige (*socii*) ihre eigenen Gesetze und Verfassung, lieferten jedoch dem römischen Heere Hülfstruppen oder nach Umständen wohl auch Subsidien an Geld, Getreide, Schiffen etc. Ihr Verhältniss gründete sich auf bestimmte schriftliche Bündnisse (*foedus*, davon *civitates liberae et foederatae*) unter höchst verschiedenen Bedingungen; allmälig wurden sie aber sehr hart gedrückt und willkürlich behandelt. Zu diesen Bundesgenossenstaaten, die ihre eigene Regierungsform behielten, gehörten besonders die italischen Staaten bis zum Bundesgenossenkriege, und einige ausserhalb Italien. Auch ausländische Könige standen öfter in einer solchen *societas* oder *foedus* mit den Römern, und erhielten als Auszeichnung den Titel *amici* und *socii p. R.*, waren

---

*) *Peregrinus* (in älteren Zeiten *hostis*) ist ursprünglich jeder Nichtrömer.

jedoch im Grunde nichts weiter als Vasallen. Andere *peregrini* waren die völlig untergeordneten *provinciales*, welche unter römischer Regierung und römischen Statthaltern standen, und starke *tributa* zahlen mussten. Die unterste Stufe der *peregrini* enthält die *dediticii*, welche mit den Waffen in der Hand zur Unterwerfung gezwungen worden waren und zufolge einer lex (nicht *foedus*) eine Menge drückender Lasten übernehmen mussten. Die *peregrini* waren, da sie keinen Antheil an der Civität hatten, ausgeschlossen vom *ius suffragii* und *honorum*, und gegen körperliche Strafe und willkürliche Behandlung der römischen Magistrate nicht geschützt. In privatrechtlicher Hinsicht hatten sie weder das *connubium* noch *commercium*[*). Sie konnten in früherer Zeit nicht vor Gericht treten, sondern bedurften hierzu eines Gastfreundes oder Patrons unter den römischen Bürgern; dieses hörte indessen auf, als ein eigenes Gericht für Streitigkeiten zwischen *peregrini* unter einander, oder zwischen ihnen und Römern eingeführt wurde. Wir finden mehrmals, dass die *peregrini* aus Rom verwiesen wurden, und später gab es besondere Quästionen, um die Civität der Fremden, die sich als Bürger gerirten, zu prüfen und die falschen Bürger auszuweisen (*lex Junia 126, lex Licinia Mucia 95, lex Papia 66*).

§. 17. L a t i n i. 29.

Unter den *socii* bemerken wir vorzugsweise das Volk, von welchem die Römer abstammen, die Latiner. Das Eigenthümliche in den Verhältnissen desselben wird mit dem Ausdruck *socii nomenque Latinum* bezeichnet. Rom war frühzeitig in eine feindselige Stellung zu den Latinern getreten. Unter Tullus Hostilius wurde Alba erobert, und die Einwohner nach Rom versetzt, wo man einige aus den vornehmsten Familien unter die Patricier aufnahm. Die Kriege dauerten unter den folgenden Königen fort, aber unter Tarquinius Superbus ward Rom das Oberhaupt des latinischen Bundes. Nach Vertreibung der Könige begannen die Kriege von neuem, bis (493) ein Bündniss unter völlig gleichen Bedingungen für beide Theile, sogar mit dem *connubium*, zu Stande kam. In dasselbe wurden auch die Herniker aufgenommen. Allein

---

*) Die sogenannte Isopolitie oder privatrechtliche Gemeinschaft zwischen zwei Freistaaten (durch ein *foedus aequum*) kann man nur in dem alten Verhältniss zu den Latinern und Hernikern suchen; ausserdem fand dieselbe nicht einmal Statt mit den am meisten begünstigten *socii*.

bald strebte Rom nach der Oberherrschaft. Dieses Streben wurde zwar mehrmals, besonders durch den gallischen Krieg, unterbrochen, endlich (338) wurde aber dennoch ganz Latium unterjocht. Die Latiner verblieben *peregrini*, mit zweifelhaftem *commercium*, aber ohne *connubium*, und mussten den Römern Kriegsdienste leisten. Indess standen sie in einem näheren Verhältniss zu den Römern, als die anderen *socii*, und konnten unter gewissen Bedingungen zur Civität gelangen, z. B. wenn sie in ihrem Lande ein obrigkeitliches Amt bekleidet hatten, oder wenn sie nach Rom zogen und in ihrer Heimat männliche Nachkommen zurückliessen. Die Römer bedienten sich häufig des latinischen Volkes zur Ausbreitung und Befestigung ihrer Herrschaft und Sprache durch Gründung von Colonien (*coloniae Latinae*), deren Lage dieselbe war, wie die der Latiner (s. §. 26). Nach dem *bellum sociale* erhielten auch die Latiner und ihre Colonien das Bürgerrecht, und nun bekamen im folgenden Jahre (89) einige Städte in *Gallia transpadana*, unter der Benennung latinische Colonien, dieselben Rechte, die die Latiner gehabt hatten (*ius Latii, Latinitas*); welches Verhältniss von den Kaisern sogar auf die Provinzen ausgedehnt wurde. Von Tiberius' Zeit an bis auf Justinian verstand man unter der Benennung *Latini (Iuniani)* eine Art *libertini* (s. §. 31.), welche unter gewissen Bedingungen das vollkommene Bürgerrecht erlangen konnten. Die übrigen italischen *socii* hatten vor dem *bellum sociale* eine etwas geringere, aber doch von der Latinität nicht wesentlich verschiedene Verfassung, die unter dem Namen *ius Italicum* in der Kaiserzeit auf Städte in den Provinzen übergetragen wurde, wo dieses, ohne mit irgend einem persönlichen Recht verbunden zu sein, vorzüglich auf das Recht der freien Verfassung, auf die juridische Behandlung des Grundeigenthums und die Befreiung von Kopf- und Grundsteuern, da Italien von jeder Grundsteuer frei war, Einfluss hatte.

### C. Von den *servi*.

30.          §. 18. *Stellung der Sclaven.*

Bei den Römern, wie bei den übrigen Nationen des Alterthums, war ein Theil von den Mitgliedern der Gesellschaft ohne Genuss der Freiheit, und diese mussten die schwersten und erniedrigendsten Arbeiten verrichten. Die Sclaven betrachtete man nicht als Personen, sondern als Sachen (daher *mancipia* genannt), und man konnte sie, wie anderes Eigenthum, nach Belieben kaufen, verkaufen, abtreten und im Testament vererben. Der Herr hatte bis auf Antonin's Zeit das *ius vitae et necis*, von dem jedoch selten Gebrauch gemacht wurde, und konnte ausserdem seinen Sclaven nach Gefallen züchtigen (*flagellum*, *lora*, *virgae*, *furca*, *stigmata*, *ergastulum*, *in pistrinum dari*, *plecti pendentem*, *crux*). Sie bekamen ein Monatliches zu ihrer Beköstigung (*demensum*), konnten jedoch kein Eigenthum für sich, ausser mit Erlaubniss ihres Herrn (*peculium*), erwerben. Zwischen ihnen fand keine eigentliche Ehe (*matrimonium*) Statt, sondern nur ein Zusammenleben (*contubernium*). Man unterschied die Sclaven der Privatleute von denen des Staates, die zu öffentlichen Verrichtungen gebraucht wurden (*servi publici*). Die Sclaverei entstand entweder durch die Geburt (diese hiessen *vernae*), oder durch Gefangennehmung im Kriege (*venire sub corona*). In den älteren Zeiten mussten zahlungsunfähige Schuldner (*nexi*) gleich den Sclaven Dienste verrichten. Auch das Entziehen von der Censur oder vom Kriegsdienste konnte mit Verkauf in die Sclaverei bestraft werden. Viele Ausländer wurden von Sclavenhändlern (*mangones venalitii*) in Rom auf den grossen Sclavenmärkten verkauft.

### §. 19. *Die Freigelassenen.* 31.

Die Freilassung (*manumissio*) geschah entweder durch Aufnahme in die Censusliste (*censu*), oder vor dem Prätor unter Beobachtung bestimmter Ceremonien (*vindicta*), oder durch Testament. Durch alle diese Arten der *iusta manumissio* wurde der Sclave nicht bloss frei, sondern auch Bürger. August machte das Manumissionsrecht durch die *lex Aelia Sentia* von gewissen, namentlich auf das Alter des Freigelassenen und des Freilassers, und die Anzahl derjenigen, die durch das Testament freigelassen werden durften, sich beziehenden Bedingungen abhängig. Besonders nach dieser Zeit bediente man sich auch anderer einfacherer Arten (*inter amicos, per epistolam, per mensam*); doch waren die unfeierlich Freigelassenen ursprünglich nur factisch frei, ohne vom Staate (*iure civili*) als frei anerkannt zu werden (*in libertate morari, pro liberis esse*). Indess wurde die Stellung dieser Personen unter Tiberius durch die *lex Iunia Norbana* genauer bestimmt, indem sie die Freiheit und die Rechte erhielten, welche die latinischen Colonien oder die römischen Bürger genossen, die sich in solchen Colonien hatten aufnehmen

lassen, vornehmlich ein beschränktes *commercium*. — Der Freige-
lassene (*libertinus*, mit Beziehung auf seinen Herrn *libertus*) trat
indess nicht aus aller Verbindung mit seinem früheren Herrn heraus. Er nahm dessen *nomen* und *praenomen* an in Verbindung mit
seinem früheren Sclavennamen als *cognomen*, und wurde dessen
Client; wenn er *intestato* ohne Kinder starb, fiel die Erbschaft
seinem früheren Herrn zu; in allen Fällen, selbst wenn er Kinder
hinterliess und ein Testament gemacht hatte, sollte ein Theil des
Vermögens dem Patron zufallen. Auch im Staate genoss er nicht
die vollen Rechte des freigebornen Bürgers, denn er stimmte in
Folge gesetzlicher Bestimmungen, die jedoch nicht immer beobachtet wurden, nur in den städtischen Tribus (§. 23), wurde vor
dem Bundesgenossenkrieg nicht Soldat (ausser in Fällen der Noth,
s. §. 109), und war von der Magistratur und dem Senate ausgeschlossen; dasselbe galt in den älteren Zeiten auch von den *filii
libertinorum*. Endlich fand bis zum Ende der republikanischen
Zeit kein *connubium* zwischen *ingenui* und *libertini* statt.

---

### Die Staatsgewalt.

32. §. 1. *Vertheilung der Staatsgewalt.*

Die Staatsgewalt war in den besten Zeiten der Republik
zwischen Volk, Senat und obrigkeitliche Personen gleichmässig
vertheilt. Das Volk besass die höchste Macht und souveräne
Gewalt; es hatte die Gesetzgebung, worunter auch die Bestimmung
über Krieg und Frieden begriffen war, die Magistratswahlen, und
so indirect die Wahl der Senatoren, endlich die *indicia capitis*
bis zur Einführung der *quaestiones perpetuae* (um 149). Dem Senate stand die eigentliche Regierungsgewalt und dabei ein in
alle wichtigen Staatsangelegenheiten eingreifender Einfluss zu.
Die Beamten wurden vom Volke gewählt, um in den Volksversammlungen den Vorsitz zu führen, und die Volks- und Senatsbeschlüsse in den verschiedenen Zweigen der Staatsverwaltung in
Ausführung zu bringen. Inzwischen scheint der Wirkungskreis
der verschiedenen Auctoritäten nicht immer durch ganz bestimmte
Grenzen abgesteckt gewesen zu sein: eine Unvollkommenheit, die
wir uns durch die Wirren und Kämpfe, aus welchen die römische
Staatsform sich entwickelte, erklären können.

## A. Populus.

### §. 2. *Comitia.*

Die Volksgewalt wurde ausgeübt in den *comitia* (*comitium*, *sing.* ist ein Platz auf dem *forum* vor der *curia Hostilia*), das ist vom betreffenden Magistrate zusammenberufenen und geleiteten Volksversammlungen, um über öffentliche Angelegenheiten Beschlüsse zu fassen\*). Es gab deren drei Arten: *curiata, centuriata* und *tributa.* Von diesen gehörten die *curiata* den Patriciern an, dienten der alten Regierungsform und verloren ihre Bedeutung, als das Patriciat seine Vorrechte verlor. Die *centuriata* umfassten das ganze Volk. Die *tributa*, welche ursprünglich ausschliesslich oder doch grösstentheils die Plebeier betrafen, entstanden und hoben sich mit diesem Stande. Beim Verfall der Republik und der Sitten, namentlich nach der *lex Iulia* (90), wurden die Comitien der Schauplatz für die Bestrebungen unruhiger Köpfe, für Parteikämpfe und Bestechungen (*divisores*). Unter Caesar und August verloren sie ihre Bedeutung, unter Tiberius wurden sie ganz aufgehoben.

### §. 3. *Comitia curiata.*

Die *comitia curiata* wurden auf dem *comitium* von den Königen, späterhin von den Consuln und Prätoren, gehalten. Sie waren anfänglich die einzigen Volksversammlungen, und in denselben wurden Gesetze gegeben, und die Könige gewählt oder in ihre königliche Gewalt eingesetzt (durch *lex curiata de imperio*). Als aber die Centuriatcomitien aufkamen und die Macht der Patricier sank, verloren sie ihre wesentlichste Bedeutung und dienten nun hauptsächlich, um den Magistraten das *imperium* oder den militärischen Oberbefehl und das Recht Auspicien anzustellen, zu ertheilen\*\*), sowie um die in den Centuriatcomitien gefassten Beschlüsse zu bestätigen. In den späteren Zeiten versammelten sich auch nicht mehr die Curien, sondern statt derselben bloss 30 Lic-

---

\*) *Contio* hingegen ist eine, von einem Magistratus zusammenberufene Versammlung, nicht um abstimmen zu lassen, sondern um das Volk von Diesem und Jenem in Kenntniss zu setzen, oder um vorläufig eine Sache zu berathen.

\*\*) Oder vielleicht dienten sie auch dazu, durch die Auspicien die in den *comitia centuriata* vorgenommene Magistratswahl zu prüfen. Siehe Cic. adv. Rullam 2, 11. Von der bestrittenen *auctoritas patrum* ist weiter unten die Rede.

toren. Als eine Art dieser Comitien werden auch die *comitia calata* genannt, die zur Sanctionirung gewisser Handlungen, z. B. der Testamente (in der früheren Zeit) und der *detestationes sacrorum*, sowie zur Arrogation (s. §. 73) und Inauguration der Priester bestimmt waren.

35. §. 4. *Comitia centuriata.*

Die *comitia centuriata* wurden in der Regel vom Consul, jedoch auch zuweilen vom Prätor, sowie vom Dictator und Interrex, wegen der urprünglich militärischen Form dieser Institution *extra pomoerium* gehalten. In denselben wurde nach der Volkseintheilung des Servius Tullius ungefähr dieselbe Volksgewalt ausgeübt, wie vorher in den *comitia curiata*, mit Ausnahme dessen, was die letzteren behielten, und dessen, was späterhin auf die *tributa* überging, als die Plebiscite Gesetzeskraft erhielten, und in diesen Versammlungen ohne genaue Grenzlinie allgemeine Staatsangelegenheiten verhandelt wurden. In den *comitia centuriata* wurden die Consuln, Prätoren und Censoren, sowie viele höhere und ausserordentliche Magistrate gewählt, Gesetze angenommen und verworfen, Krieg beschlossen (zum erstenmal im J. 427 nach einem Streite, ob dieses zufolge eines Senatsbeschlusses geschehen könnte), und über Capitalverbrechen bis zur Einführung der *quaestiones perpetuae* Gericht gehalten; doch urtheilte das Volk auch nach dieser Zeit noch fortwährend über das *crimen perduellionis*.

36. §. 5. *Comitia tributa.*

Die *comitia tributa* wurden sowohl *intra* als *extra pomoerium*, gewöhnlich auf dem *forum* oder dem *campus Martius* gehalten. Diese Volksversammlungen werden zwar zuerst bei dem Processe Coriolan's (491) erwähnt, hatten aber ein weit höheres Alter, wenn auch nur als locale Versammlungen der Tribus (Gemeindetage), welche für städtische Baulichkeiten, Tribut und Aushebungen berufen wurden. Aber die entwicklungslustige Gemeinde, von rüstigen Tribunen geleitet, strebte weiter und errang allmälig die Befugniss für das Innere des Staatslebens zu sorgen, während sich die Centuriatcomitien auch mit den Angelegenheiten des Staates nach Aussen beschäftigten. Ihre richterliche Gewalt gehört im Wesentlichen der älteren Zeit an, da die Tribunen bis zu den 12 Tafelgesetzen Personen wegen Vergehen gegen die *plebs* vor dieselben luden. Später wurden in denselben nur die *iudicia populi* gehalten, in welchen es sich um eine Mult*A* handelte. Ferner wählte man in denselben die *magistratus plebeii* (nach der *lex Publilia* 471) und *minores* (s. §. 52), ferner die *aediles curules* und *quaestores*, zum Theil auch die Kriegstribunen und alle *magistratus extraordinarii*, wie *praefecti annonae*, *duumviri navales*, *triumviri coloniae deducendae* u. s. w., und nach der *lex Domitia* (104) wurde die Priesterwahl, die vorher durch Cooptation geschah, diesen Comitien, jedoch unter einer besonderen Form, übertragen. Namentlich hatten sie aber auf die Gesetzgebung einen wichtigen Einfluss, nachdem die Volksbeschlüsse (*plebiscita*) durch drei Gesetze (*lex Valeria Horatia* 449, *Publilia* 339, *Hortensia* 286) Gesetzeskraft erhalten hatten. Seitdem wurden in denselben über allgemeine Staatsangelegenheiten, meistens auf den Antrag des Senats (*ex auctoritate senatus*), ohne deutliche Grenzbestimmung zwischen den Centuriat- und Tributcomitien, zuweilen auch unabhängig vom Senat, Beschlüsse gefasst. Ausschliesslich eigen sind diesen Comitien besonders Gesetze über eigentliche Volksangelegenheiten, wie die *leges agrariae*, *frumentariae*, *tabellariae* und mancherlei privatrechtliche Gesetze. Sie wurden im Allgemeinen von den Volkstribunen (zur Wahl der *magistratus minores* hingegen von den Consuln) gehalten, und konnten durch die *obnuntiatio* hintertrieben werden. Die Patricier scheinen sich von denselben fern gehalten zu haben, weil sie wegen ihrer geringen Zahl alles Einflusses entbehrten. Die gesetzgebende Gewalt wurde ihnen von Sulla genommen, aber unter dem Consulate des Pompeius und Crassus (70) zurückgegeben.

### §. 6. *Bestimmungen für die comitia.*  37.

Die Comitien durften nur an gewissen, dazu bestimmten Tagen (*dies comitiales*), aber niemals an Festtagen (*feriae*) und den sogenannten *dies atri*, noch an den Tagen gehalten werden, an welchen regelmässig Senatsversammlungen Statt fanden. Sie mussten in einem gewissen Termin vorher durch ein Edikt angekündigt, und die Gegenstände der Verhandlungen veröffentlicht werden (*promulgari*). Ueber die Meldung der Candidaten vor den Wahlcomitien s. §. 44. Es war Gesetz die Comitialverhandlungen an einem Tage zwischen Sonnenauf- und Untergang zu Ende zu bringen. Sie wurden ausgesetzt, wenn die Volkstribunen Einspruch thaten (*intercessio*), oder

Erscheinungen von übler Vorbedeutung, wie Blitz und Donner, eintraten, oder wenn ein Augur oder ein Magistratus, der das Recht hatte, Auspicien zu halten (*servare de coelo, spectio*), und der die Comitien durch die blosse Erklärung, er wolle Beobachtungen anstellen, verhindern konnte, Einwendungen machte (*obnuntiatio, alio die*). Sie wurden ebenwohl unterbrochen, wenn Jemand von der Epilepsie (*morbus comitialis*) befallen wurde. Die Auspicien eines höheren Magistratus hatten den Vorzug vor denen der geringeren, wesshalb es häufig in dem vom Consul bekannt gemachten Edict hiess: *ne quis magistratus minor de coelo servasse velit*. Das Nähere über den Hergang bei den Comitien kennen wir am besten von den *comitia centuriata*.

38.  §. 7. *Fortsetzung.*

Die gewöhnliche Art, wie die Comitien gehalten wurden, war folgende. Der Gegenstand der Verhandlungen wurde ein *trinundinum* (17 Tage) vorher (*lex Caecilia Didia* 98) bekannt gemacht (*promulgabatur*). Diesen Zwischenraum benutzte man zu vorläufigen Discussionen (*suadere, dissuadere legem s. rogationem*) in Versammlungen (*contiones*), und um Stimmen in der Stadt und in den Municipien zu werben. An dem Comitialtage selbst hielt der vorsitzende Magistratus bei Tagesanbruch mit Hülfe eines Augurn die Auspicien. Die Comitien selbst wurden mit feierlichen Opfern und Gebeten vom Magistrat eröffnet, der dann eine *contio* hielt und den Gesetzvorschlag vorlas oder vorlesen liess, wo Volkstribunen zugegen waren, um intercediren zu können. Auch traten Einzelne auf, um für oder gegen die *rogatio* zu sprechen (*suadere* und *dissuadere*). Wenn nun weder von Seiten der Tribunen noch der Religion etwas im Wege stand, dann wurde die sogenannte *contio* geschlossen und es folgte die Berufung zur Abstimmung (*vocare* oder *mittere in suffragium*), nachdem sich das Volk zuvor zum Votiren in Ordnung gestellt hatte (*si vobis videtur, discedite Quirites*). Anfangs gab man die Stimmen mündlich ab, später aber nach den *leges tabellariae* (139—104) schriftlich mittelst einer *tabella*, mit den Worten: *uti rogas* (ja) oder *antiquo* (nein, denn stets wurde über das Ganze abgestimmt, wie wir sagen en bloc), oder in den Wahlcomitien mit dem Namen des Gewählten. Die Abtheilungen, welche stimmen

sollten, gingen über Stege (*pontes*) in einen umzäunten Platz (*ovile*)*).
Hier gab man ihnen die *tabellae*, welche in *cistae* oder Stimmkasten
geworfen und später unter gehöriger Controlle gezählt und vermittelst *puncta* aufgezeichnet wurden. Endlich wurde das Resultat
laut verkündet. Das angenommene Gesetz (*lex perlata*) grub man
in Stein oder Erz ein und stellte es auf dem Forum auf, oder befestigte es an der Wand eines Tempels (*figere legem*), oder be-
wahrte es im *aerarium* auf. In den Centuriatcomitien stimmten
zuerst die *equites*, dann die übrigen Classen nach der Reihe; doch
kam es selten bis zur vierten, und fast niemals bis zur letzten
Classe. Dieses grosse Uebergewicht der Reichen verminderte sich
jedoch späterhin, als die Centurien mit der Tribuseintheilung ver-
schmolzen waren (s. §. 10). Die Centurie, welche zuerst stimmte,
hiess da die *praerogativa*, und wurde durch das Loos bestimmt.

### §. 8. *Fortsetzung.*                                   39.

Eine gemeinschaftliche Bestimmung für die *comitia curiata*
und *centuriata* war, dass sie in Folge eines Senatsbeschlusses und
nach vorausgegangenen Auspicien (*auspicato*) gehalten wurden. Die
gefassten Beschlüsse wurden in den älteren Zeiten durch die *auctoritas
patrum*, worunter Einige den Beitritt des Senats verstehen, während
Andere dieses von der Bestätigung der Beschlüsse der Centurien
durch die Curiatcomitien erklären, bestätigt. In beiden Fällen ist
es Ueberbleibsel aus der alten Regierungsform, dessen Bedeutung
sich ganz verlor, als durch die *lex Publilia* (339) und *lex Maenia*
(286) verordnet wurde, dass diese Bestätigung den Comitien vor-
ausgehen sollte (*in incertum comitiorum eventum patres auctores fiunt*).

### B. Senatus.

### §. 9. *Wirkungskreis des Senats.*                      40.

Der Senat war der Mittelpunkt und die leitende Seele der
ganzen Regierung und hatte also die obere Leitung und Oberaufsicht über das gesammte Religionswesen, die ganzen Finanzen,
Truppenaushebung und Kriegführung, die Verhandlungen mit aus-

---

*) Verschieden davon sind unstreitig die sogenannten *septa*, die Caesar
auf dem *campus Martius* errichten liess, und die nur kurze Zeit hindurch bei den
*comitia tributa* genannt werden, nachher aber als Schauplatz und zu dergleichen
dienten. In den *comitia* dienten sie wahrscheinlich zur Vertheilung der *tribus*.

wärtigen Nationen und Bundesgenossen, Gesandtschaften, die Oberleitung der Provinzial-Verhältnisse u. s. w. Er hatte einen vorbe-
reitenden Einfluss auf die Gesetzgebung und Comitien überhaupt,
und aus seiner Mitte wurden bis auf die Zeit der Gracchen die
Richter gewählt sowie er selbst eine gewisse richterliche Befugniss
ausübte. In Nothfällen forderte er die Magistrate auf zu handeln,
wie es die Umstände geboten, durch die Formel: *videant consules*
etc., *ne quid detrimenti capiat respublica* (*S. C. ultimum s.
extremum, forma S. Cti ultimae necessitatis*), und erlaubte
sich alsdann bisweilen einen über die gesetzlichen Grenzen hinaus-
gehenden Gebrauch von seiner Gewalt zu machen. Unter den
Kaisern erhielt der Senat scheinbar eine grössere Gewalt, so dass
er Magistrate wählte, die Criminaljurisdiction ausübte, und seine
Consulta an die Stelle der Gesetze traten; die wirkliche Gewalt
hatte indess der Kaiser, dessen durch die sogenannte *oratio principis* kundgegebenen Willen der Senat als Beschluss aussprach,
und vom zweiten Jahrhundert an regierte er mehr unmittelbar durch
Verordnungen. Das vom Senat verwaltete *aerarium* trat zurück
hinter dem *fiscus* und dem Kriegs-*aerarium*. Allmälig sank der
Senat zu einem mit hohem Rang versehenen Gemeinderath für die
Stadt Rom herab.

41.       §. 10. *Hergang bei den Senatsverhandlungen.*

Der Senat wurde zusammenberufen (*convocabatur, cogebatur*)
und gehalten von den Königen, in der republikanischen Zeit von
den Consuln oder den anderen höchsten Magistraten in der Stadt,
Dictatoren, Interregen, Praetoren, auch von den Volkstribunen
(seit 456). Er versammelte sich meistens in Curien (namentlich
in der *curia Hostilia*), konnte indess an jedem, von den Augurn
geweihten Orte, besonders in Tempeln, wie z. B. in der *aedes Con-
cordiae*, oder ausserhalb der Stadt in dem Tempel der *Bellona*
oder des *Apollo*, wo man auswärtigen Gesandten Audienz gab
(*senatus iis dabatur*) und Feldherren *cum imperio* mit dem Senate
verhandelten, gehalten werden. Ziemlich regelmässig wurden Senatsversammlungen an den *Calendae*, *Nonae* und *Idus* jedes Monats
gehalten, welche Augustus als *senatus legitimi* bestimmte. Ausserdem konnten Sitzungen an allen Tagen berufen werden (*senatus
indictus*), und die Comitialtage wurden erst durch *lex Pupia* (224?)
ausgenommen. Man kam, wie bei den Volksversammlungen zwi-

schen Sonnenauf- und Untergang zusammen. Wenn der vorsitzende Magistrat den Gegenstand vorgetragen hatte (*referre ad senatum*), wurde jeder Einzelne (mit Ausnahme der *pedarii*) um seine Meinung gefragt (*rogare sententias, sententias dicere*), die er dann entweder sitzend mit einem einzigen Worte (*verbo sententiam dicere, verbo assentiri*), oder stehend in einem ausführlichen Vortrag abgab. Diese Meinungsäusserung konnte man aber bei dem eigentlichen Votiren wieder aufgeben, wie z. B. Silanus in Sallust. Cat. 51. In der älteren Zeit wurde gemeiniglich der *princeps senatus*, das heisst derjenige Senator, welcher in der Liste der Censoren zuoberst stand (ein Ehrentitel), späterhin die *consules designati*, zuerst befragt; hierauf die übrigen nach dem Ehrenrang, den ein Jeder zufolge der bekleideten Aemter einnahm. Der Befragte sprach öfters über andere Staatsangelegenheiten (*egredi relationem, diem dicendo consumere*), wenn dies nicht vorher ausdrücklich verboten war. Dann folgte das eigentliche Votiren (*discessio, pedibus ire in sententiam alicuius*), wobei man bisweilen eine getrennte Abstimmung über die verschiedenen Punkte, die ein Antrag enthalten konnte, verlangte (*divide sententiam*). Der gefasste Senatsbeschluss (*senatusconsultum, decretum*) wurde niedergeschrieben (*perscribebatur*), und, wie die Gesetze und andere öffentliche Documente, von den *quaestores* im *aerarium* aufbewahrt. Um einen gültigen Senatsbeschluss fassen zu können, musste eine bestimmte Anzahl Senatoren anwesend sein (*numerus legitimus, senatus frequens, numera senatum*)· Wer ohne genügenden Grund ausblieb, und wer sich gegen die parlamentarische Ordnung gröblich verging, konnte mit Geld (*multa*) oder Pfändung (*pignora capere, auferre, caedere*) bestraft werden. Die Tribunen und andere Beamten von gleicher Gewalt wie der Referent, oder höhere konnten durch ihre Intercession die Senatsbeschlüsse umstossen. Ein Beschluss oder Gutachten des nicht vollzähligen oder durch Tribunenintercession gehinderten Senats hiess *senatus auctoritas*. Zu Caesar's Zeit wurde ein Senatsprotokoll (*acta senatus*) abgefasst und ausgegeben, aber schon Augustus untersagte die Publication.

## C. Magistratus*).

**42.**

### §. 11. Geschichte der Magistratur.

In der ältesten Zeit besassen die Könige die höchste verwaltende und richterliche, wenn gleich durch Senat und Volksversammlung beschränkte Gewalt; sie führten das Heer an und verrichteten mehrere Religionshandlungen, die späterhin vom *rex sacrificulus* besorgt wurden. Sie hatten zu ihrem Unterhalt einen bestimmten Theil des *ager publicus*, von dem der *campus Martius*, der nach Vertreibung der Könige Staatseigenthum wurde, ein Stück ausmachte. Ausser ihnen wird besonders ein *tribunus celerum* und ein *praefectus urbi* genannt, von denen uns jedoch nur wenig bekannt ist. Die *quaestores* s. §. 50. Nach Aufhebung der Königsgewalt (509) setzte man die beiden Consuln ein, die anfangs eine fast ebenso ausgedehnte Macht hatten, wie die Könige. Allein mit dem steigenden Einfluss der Plebeier bildete sich bald ein neues Amt, das Volkstribunat (494), und bei der Vergrösserung des Reichs und der Volksmenge mussten die Geschäfte allmälig getheilt werden. Die Führung der Bürgerlisten und die Aufsicht auf die öffentliche Sittlichkeit, die Verwaltung der Rechtspflege und des Polizeiwesens mussten vom Consulat getrennt und eigenen Aemtern übertragen werden. So entstand die Censur (443), die Prätur und die Aedilität (367). Zum Besten der Provinzverwaltung und wegen der Kriegführung musste man oft das *imperium* der Feldherren verlängern (*prorogare*). Diese Verwaltung wurde späterhin regelmässig geordnet und den abgegangenen höchsten Beamten**) übertragen, daher die Proconsuln und Proprätoren; und wegen der gewachsenen Geschäfte musste die Zahl mehrerer Magistrate, wie die der Prätoren und Quästoren, vermehrt werden. August eignete sich die *potestas proconsularis*, das *imperium* über die Heere, die Tribunen- und Censorgewalt zu, liess sich zum *pontifex maximus* ernennen, und vereinigte zuletzt unter dem Namen *princeps* alle Gewalt in seiner Person (s. §. 56).

In der Kaiserzeit behielten zwar die meisten obrigkeitlichen Aemter ihre Namen und äusseren Ehrenzeichen, in ihren Func-

---

*) Das Wort *magistratus* bezeichnet sowohl das Amt, als die Person, die es bekleidet.

**) Die Provinzialbeamten werden hier mit aufgenommen, wiewohl sie nicht eigentliche *magistratus* waren.

tionen wurden aber viele Veränderungen vorgenommen, und das
Wesentlichste von ihrer alten Bedeutung ging verloren. Daneben
entstanden neue Magistrate, entsprechend den nun bestehenden
Verhältnissen. Seit Diocletian's und Constantin's Zeit trat
eine ganz neue Organisation des Regierungswesens und der Aemter
ein, bei der die Civil- und Militärverwaltung getrennt und ein
mehr complicirtes Verwaltungssystem mit einem zahlreichen Bureau-
Personal eingeführt wurde. So verschwanden die Spuren des Alterthums allmälig mehr und mehr unter Hofverwaltung und Titel-
wesen. Im Folgenden sollen hauptsächlich die Magistrate der
Republik näher betrachtet werden.

§. 12. *Magistratur der Republik. Wesen und Stellung derselben.*   43.

Die Magistrate waren theils *ordinarii*, theils *extraordinarii*.
Zu den ordentlichen rechnen wir die *consules*, *praetores*, *censores*,
*aediles curules et plebeii*, *quaestores* und *tribuni plebis*, wiewohl die
letztgenannten ursprünglich keine *magistratus populi* waren. Zu den
ausserordentlichen gehören der *interrex*, *dictator*, *magister equitum*
und *praefectus urbi*, die unter gewissen, zuweilen eintretenden Umständen die Magistratsgeschäfte übernahmen, desgleichen *decemviri
legibus scribendis*, *tribuni militum consulari potestate* (beide als
Surrogate des höchsten Amtes vorübergehend eingesetzt). Zu den
höheren ordentlichen Aemtern (*magistratus maiores*) rechnet man
das Consulat, die Prätur und Censur; mit diesen war die Nobilität
oder der Amtsadel verbunden. An die ausserordentlichen schlossen
sich, obgleich verschieden von ihnen, die temporären Aufträge, die
bisweilen zu einem einzelnen Geschäft, wie zur Ausführung einer
Colonie oder Verwaltung des Proviantwesens bei entstehendem
Misswachs und Theurung, gewissen Personen gegeben wurden.

Wenn wir die römische Magistratur mit dem Beamtenwesen
neuerer Staaten vergleichen, finden wir sogleich gewisse auffallende
Verschiedenheiten. Die Aemter waren z. B. nicht, wie bei uns,
eine Versorgung, sondern wurden ohne irgend eine Besoldung, bisweilen sogar, wie z. B. die Aedilität, mit grossen Kosten, bloss als
Ehrenstellen (*honores*) verwaltet, die man zufolge der Wahl des
Volkes bekleidete. Nur wenn die Majestät des Volkes repräsentirt
werden sollte, wie bei der Aufnahme fremder Gesandten, unterstützte der Staat die Magistrate; und wenn diese mit dem *imperium*
oder in öffentlichem Auftrage reisten, erhielten sie aus der Staats-

casse, was zur Ausrüstung, dem Transport und Unterhalt nöthig
war. Lediglich der Missbrauch machte in den späteren Zeiten der
Republik die Provinzverwaltung in hohem Grade einträglich. Ein
anderer Unterschied ist die Amtsdauer. Diese war während der
Republik bloss ein Jahr, mit Ausnahme der Censur (s. §. 48). Durch
diese kurze Dauer suchten sich die Römer ihre Freiheit und einen
lebhaften Gang in der Staatsverwaltung zu sichern. Ein dritter
Punkt, der uns auffallend scheinen könnte, sind die geringen An-
forderungen, die der Staat auf specielle Kenntnisse machte, indem
man die Aemter ohne vorgängige Prüfung der Befähigung, und
ohne dass die kurze Amtsdauer scheint bedeutende Uebung in den
Geschäften haben geben zu können, besetzte. Während eines nicht
sehr langen Zeitraums konnte die ganze Amtsbahn, und also alle
die wichtigsten Zweige der Civil- und Militär-Staatsverwaltung von
einer und derselben Person durchlaufen werden. Dies können wir
uns nur dadurch erklären, dass das ganze Regierungswesen einfacher organisirt, Verschiedenes, was jetzt Sache des Staates ist,
der Privat-Wirksamkeit überlassen, und vieles einzelnen geübten
Geschäftsleuten, Schreibern (scribae) u. s. w. gegen Bezahlung übertragen war. Endlich machte das in einer Republik allgemeine Interesse an Staatsangelegenheiten, die grosse Oeffentlichkeit und die
Concentrirung aller Staatsfunctionen in Rom, es sowohl den Einzelnen leichter, sich vorzubereiten, als auch dem Volke, seine Wahl
zu treffen, bei der man auch in wichtigen Fällen besondere Vorsicht gebrauchte, z. B. bei der Dictatorwahl oder bei Cicero's
Consulwahl. Auch wurden die höheren Magistratus in wichtigen
Fällen von einem berathenden consilium unterstützt. Ein solches
hatte der Consul am Senat, der Provinzialbeamte an seinen Legaten
und den nächsten Senatoren (Sallust. Iug. c. 62), der Feldherr an
seinem Kriegsrath, der Prätor an seinen assessores und consiliarii.
Oft hatten ohne Zweifel auch untergeordnete Beamte einen überwiegenden Einfluss auf die Verwaltung.

44.                     §. 13. *Fortsetzung.*
    Das Volk wählte selbst die Magistrate bis zu Tiberius' Zeit.
Sie mussten anfangs Patricier, späterhin wenigstens alle Freigeborne sein. Die plebeiischen Aemter (das Volkstribunat und die
plebeiische Aedilität) durften nicht von Patriciern bekleidet werden.
Wollte einer von diesen Tribun werden, so musste er durch Adop-

tion in eine plebeiische Familie übergehen (s. §. 51). Um die Magistrate bewarb man sich und bekleidete sie, wenigstens in der späteren Zeit, in der Regel nach einer bestimmten Reihenfolge: *quaestor, tribunus* oder *aedilis, praetor, consul, censor*. Ursprünglich musste man, um ein Staatsamt zu erhalten, zehn Jahre hindurch Kriegsdienste geleistet haben; späterhin wurde ein bestimmtes Alter verlangt, und eine *lex Villia annalis* oder *annaria* (180) setzte, wie man vermuthet, das erforderliche Alter fest, so dass der *quaestor* mindestens 27 (30) oder 28 (31), der *aedilis* 37, der *praetor* 40, der Consul 43 Jahre (*consul suo anno*) alt sein musste. Wer sich um ein Amt bewarb (*candidatus*, von der *toga candida*), meldete sich (*nomen profiteri*) bei dem Magistratus, der die *comitia* leitete und die Bewerber zurückweisen konnte (*nomen non accipere, rationem non habere*), und suchte hierauf gemeiniglich sich dadurch Stimmen zu verschaffen, dass er sich der Volksgunst empfahl (*ambire, prensare, ambitio*). In der späteren Zeit konnten Abwesende als Candidaten nicht in Betracht kommen. Die Magistrate wurden seit 150 im Allgemeinen am 1. Januar angetreten (*inire magistratum*), ausgenommen das Volkstribunat, das im December anfing. Von der Wahl an bis zum Antritt hiessen die Gewählten *designati*. Bei dem Antritt wurden die Auspicien gehalten und binnen der fünf ersten Tage der Amtseid abgelegt (*iurare in leges*). Auch der abtretende Magistrat musste schwören, dass er nichts gegen die Gesetze unternommen habe. Niemand durfte zwei ordentliche obrigkeitliche Aemter auf einmal, oder dieselbe Magistratur vor Ablauf von 10 Jahren bekleiden. Von einzelnen der hier genannten Bestimmungen konnte bisweilen eine specielle Ausnahme Statt finden (*legibus solvi*). So wurde Scipio Africanus minor das erste Mal Consul im Alter von 37 Jahren (147) wegen des karthagischen Krieges, das zweite Mal, ohne dass er um das Consulat nachsuchte (134) wegen des numantinischen Krieges. C. Gracchus wurde zum zweiten Mal Volkstribun (122) ohne Bewerbung; Marius zum zweiten Mal Consul (104) in seiner Abwesenheit, wegen des cimbrischen Krieges und so weiter.

§. 14. *Von der Amtsgewalt und deren Grenzen.*    45.

Der gewöhnliche Ausdruck von der Amtsgewalt ist *potestas*, z. B. *tribunus militum consulari potestate, tribunicia potestas*. Die römischen Magistrate hatten in ihrem Wirkungskreis eine ziemlich ausgedehnte Gewalt. Sie hatten das Recht, in ihrem Amtskreis Edicte zu geben, die Auspicien anzustellen (ausgenommen jedoch die Proconsuln und Proprätoren), und *contiones* zu halten. Comitien und Senatsversammlungen konnten in der Regel nur die höheren Obrigkeiten berufen. Indess entbehrte der Censor dieses Recht rücksichtlich der Senatsversammlungen, und seine Verhandlungen mit dem Volke beschränkten sich auf die öffentlichen Volksmusterungen. Von den geringeren Obrigkeiten stand es bloss den Tribunen, vermöge ihrer eigenthümlichen Stellung im Staate zu, Senatsversammlungen anzuordnen. Die höchste Amtsgewalt, die den Consuln und Prätoren zustand, heisst *imperium*, eigentlich Militärgewalt, welche dem Magistrate besonders durch eine *lex curiata* übertragen wurde, aber nur *extra urbem* galt. Wenn daher ein mit dem *imperium* bekleideter Magistrat in Rom triumphiren wollte, musste ihm für diesen Tag das *imperium* durch ein *plebiscitum* besonders übertragen werden. Von den je zwei oder mehren Magistraten eines Collegium hatte Jeder die volle Macht inne, nicht etwa der Eine diesen, der Andere jenen Theil, wenn sie auch in der Praxis die Geschäfte gewöhnlich unter sich theilten. Das Zwangsrecht der Magistrate bestand vornehmlich in der *vocatio*, d. i. dem Rechte, einen Abwesenden kraft ihrer Amtsgewalt vor sich zu laden, welches nur die höhern Beamten hatten, und in der *prehensio*, d. i. dem Rechte, einen Anwesenden ergreifen zu lassen. Dieses letztere Recht hatten auch die Tribunen, aber die Aedilen und Quästoren keines von beiden. Ferner hatten die Magistrate das Recht, ihrer Gewalt durch Geldstrafen *(multam dicere)* Nachdruck zu geben. Ein Magistratus konnte in der Regel während seiner Amtsdauer nicht vor Gericht gefordert werden; im schlimmsten Falle musste er alsdann, wie Lentulus in der catilinarischen Verschwörung, vorher sein Amt niederlegen *(abdicare se magistratu)*; eben so wenig konnte er rechtmässig entsetzt werden, wohl aber wegen unrichtiger Auspicien bei der Wahl *(vitio creatus)* freiwillig seine Stelle niederlegen.

Gegen den Missbrauch der Amtsgewalt war man gesichert durch die Provocation an das Volk, durch die Intercession entweder eines Volkstribunen oder eines andern eben so hohen oder höheren Magistratus, und durch die Verantwortlichkeit der Beamten nach ihrer Amtszeit. Die *provocatio* fand schon Statt in der Königszeit, wurde jedoch nachmals durch eine *lex Valeria* (509) und späterhin durch zwei *leges Valeriae* (449 und 300) bestätigt. Hierher gehören auch die porcischen und andere Gesetze, die von körperlicher Strafe befreiten und das Exil an die Stelle der Todesstrafe setzten; und eine *lex Sempronia* von C. Gracchus, dass *iniussu populi* kein Urtheil über eines römischen Bürgers *caput* gefällt werden durfte.

Die Insignien der höheren Magistrate waren die *toga praetexta, sella curulis,* und *lictores* mit *fasces* vor denen, welche das *imperium* hatten. Die abgetretenen Obrigkeiten (*censorii, consulares, praetorii, aedilitii, quaestorii*) genossen einen, dem Ansehen des verwalteten Amtes entsprechenden Rang und Würde.

§. 15. *Consuln, Decemvirn, Kriegstribunen mit Consulargewalt.*  46.

Der anfängliche Name der Consuln soll *praetores,* auch *iudices* gewesen sein. Sie waren die höchste Obrigkeit und standen über allen anderen Magistraten. Nach ihnen wurde das Jahr benannt. Sie leiteten die Verhandlungen des Senats und der Centuriatcomitien, vollzogen die hier gefassten Beschlüsse, und besorgten die wichtigsten laufenden Geschäfte, hatten aber nach Einführung der Prätur mit der Jurisdiction nichts zu thun. Im Kriege hoben sie das Heer aus, wählten zum Theil die Tribunen, Centurionen und vom Senat beschlossenen Legate. Wenn nur ein Krieg war, so wurde die Anführung gewöhnlich getheilt. Im Falle mehrerer Kriege bestimmte man die Theilung entweder durch das Loos (*sortitio*) oder durch mündliche Uebereinkunft (*comparatio*). Wo es wegen des Krieges nothwendig war, wurde das *imperium* der Consuln verlängert (*prorogabatur*). In den späteren Zeiten der Republik führten sie keine Kriege in ihrem Consulatjahr, sondern erst das Jahr nachher als Proconsuln. Starb ein Consul in seinem Amte, so wurde an seiner Stelle ein anderer gewählt (*subrogatus, suffectus*). Eine Auszeichnung der Consuln waren die zwölf *lictores* mit den *fasces,* die sie monatlich mit der Oberleitung der städtischen Geschäfte wechselten. — In der Kaiserzeit verlor das Consulat seine Bedeutung; es wurden jährlich mehrere gewählt, deren Amt nur einige Monate dauerte (*ordinarii — suffecti*). Bei der Theilung des Reiches wurde dasselbe nicht verdoppelt, sondern man wählte die Consuln bald im Orient, bald im Occident, bisweilen hier Einen und dort Einen. Das letzte Mal, wo eine Privatperson das Consulat im Orient bekleidete, war im Jahr 541.

Das Consulat wurde zweimal auf eine Zeitlang unterbrochen. Das erste Mal durch die Decemviralgewalt, die zur Ausarbeitung einer Gesetzgebung, unter einstweiliger Aufhebung der andern obrigkeitlichen Aemter und der Provocation, eingesetzt wurde (451). Diese Magistratur war das erste Jahr patricisch, das zweite Jahr bestand die Hälfte aus Plebeiern. Das zweite Mal geschah dies bei Gelegenheit der Streitigkeiten, die durch den canuleiischen Gesetzvorschlag (445) über den Zutritt der Plebeier zum Consulat entstanden. Man vereinigte sich dahin, *tribuni militum consulari potestate* zu wählen, zu denen auch Plebeier wählbar waren (444) (s. §. 9). Diese Amtsform dauerte, jedoch in der Weise, dass sie bisweilen mit Consulaten abwechselte, fort, bis der licinische Antrag (367), dass einer von den Consuln aus den Plebeiern gewählt werden sollte, durchgesetzt wurde. Die Zahl dieser Tribunen war drei, vier und sechs. Wenn acht Mitglieder des Collegium genannt werden, so hatten zwei den Census zu besorgen.

47. §. 16. *Prätoren.*

Die Prätur ist als ein Zweig des Consulats anzusehen, der sich im Laufe der Zeit bei Vermehrung der Geschäfte von demselben als eine besondere Magistratur trennte. Dies geschah im Jahre 367 und nach der allgemeinen Darstellung der Schriftsteller, als eine Art Entschädigung für die Patricier dafür, dass sie das Consulat mit den Plebeiern theilen mussten. Wie nahe die Prätur dem Consulate stand, sehen wir daraus, dass die Prätoren die Stellvertreter der Consuln im Senat und in den Volksversammlungen waren, und zuweilen selbst Kriegsangelegenheiten leiteten; sowie daraus, dass das Amt in der älteren Zeit nicht selten von *consulares* bekleidet wurde. Das wesentlichste Geschäft des Prätors war die Iurisdiction. In der ältern Zeit, als das Volk selbst alle *iudicia publica* entschied, präsidirte er in diesen Versammlungen. Er gab bei seinem Amtsantritt ein Edict, worin er die Rechtsnormen, die er in der Civiliurisdiction befolgen wollte, bekannt machte und zugleich nach Erforderniss der Zeit die älteren Edicte veränderte oder modificirte; er ordnete die Processformen an und wählte die Richter aus (*iudices dare*). — Es ist jedoch zu bemerken, dass man bei der Wahl zu diesem Amte keine besondere

Rücksicht auf die Rechtskenntniss des Candidaten nahm; er musste demnach, wenn er diese nicht selbst besass, bei seinen Assessoren sich Raths erholen. Der Prätor hatte zugleich die Leitung der kostspieligen *ludi Apollinares*. Im Jahr 242 theilte man die Prätur so, dass der eine (*praetor urbanus*) die Rechtssachen zwischen Bürgern unter einander, der andere (*praetor peregrinus*) die Processe zwischen Fremden, oder zwischen Fremden und Bürgern zu schlichten hatte. Jedoch wurden bisweilen beide Theile vom *praetor urbanus* verwaltet, wenn der *peregrinus* im Kriege nöthig war, denn der *urbanus* zog nicht leicht zum Kampfe aus. Als die Provinzen Sicilien und Sardinien hinzukamen, stieg die Zahl der Prätoren auf vier, und mit den beiden Hispanien auf sechs zum Besten der Provinzialverwaltung. Da indessen seit dem Jahre 149 die *quaestiones perpetuae* eingeführt wurden, die man den vier Prätoren als *quaesitores* übertrug, blieben sie gewöhnlich in Rom, und verwalteten die Provinz, nachdem sie ihr Amt ein Jahr in Rom bekleidet hatten, als Proprätoren. Ihre Anzahl stieg durch Sulla auf acht, durch Caesar nach Gutdünken auf zehn, vierzehn und sogar auf sechzehn. Unter den Kaisern sank auch dieses Amt herab und bestand zuletzt meist in der Leitung der öffentlichen Spiele. Die Prätoren hatten *lictores* mit *fasces*, in der Stadt zwei, in der Provinz sechs.

### §. 17. *Censoren.* 48.

Nach Servius Tullius' Einrichtung veranstaltete der höchste Magistratus alle fünf Jahre eine Musterung der Bürger zum Zweck der Schatzung und Soldatenaushebung (*censum agere*). Dieses besorgten im Anfang der republikanischen Zeit die Consuln; damit aber dieses wichtige Geschäft nicht etwa von plebeiischen Consulartribunen besorgt werden möchte, wurde im Jahre 443 hierzu eine eigene, ursprünglich patricische Magistratur, die zwei Censoren, eingesetzt, deren Amt anfangs vier, dann seit *lex Aemilia* (433) 1½ Jahr dauerte. Diese Censur wurde jedoch, wegen religiöser Bedenken und anderer Umstände, nicht immer in dem gesetzlich bestimmten Zeitraume von vier und später fünf Jahren gehalten. Da der Censor weder mit der Jurisdiction, noch mit dem Kriegswesen etwas zu schaffen hatte, folglich kein *imperium*, und, die Volkszählung ausgenommen, kein Recht mit dem Volke (*agere cum populo*) oder dem Senate zu verhandeln besass, blieb es dessen

ungeachtet doch eine sehr wichtige und bedeutende Stelle (Liv. 4, 8).
Sie wurde als ein Amt, welches allgemeines Zutrauen und Achtung erforderte, in der späteren Zeit ausschliesslich von Consularen bekleidet, und konnte nur einmal verwaltet werden. (Nur ein
Beispiel kommt vor, dass Jemand zum zweiten Mal zum Censor gewählt wurde.) Der fünfjährliche Census wurde nach einer,
vom Censor zuvor bestimmten Form (*formula censendi* oder *lex
censui censendo*) vor der *villa publica* auf dem *campus Martius* gehalten. Jeder Bürger musste unter der harten Strafe, welche die
*incensi* traf, sich in die Bürgerlisten, welche *tributim* geordnet
waren, eintragen lassen, indem er unter Ablegung eines Eides seinen
Namen, seinen Vater, sein Alter, Grundeigenthum und übrigen
*res mancipi*, jedoch nicht seinen Besitz an *ager publicus* oder in
den Provinzen, angab. Ebensowenig wurde auf Schulden Rücksicht genommen. Nach dem Vermögen wurde eine Abgabe bestimmt *tributum* (s. §. 92), die auch bisweilen ausserordentlicher
Weise den Ehelosen aufgelegt und nach dem Aufwand beliebig erhöht werden konnte. (Mit der Aufhebung der Vermögenssteuer 167,
hörte natürlicherweise dieser Theil der Functionen der Censoren
auf.) Den Schluss des Census machte allemal ein feierliches Sühnopfer für das ganze Volk (*lustratio populi, lustrum condere*). Aus
dieser Wirksamkeit der Censoren entwickelte sich die *censura* oder
das *regimen morum*, die Aufsicht auf die öffentliche Sittlichkeit
nebst dem Recht, eine Ehrenstrafe (nicht *poena*, sondern *nota, ani-
madversio, ignominia*) zu erkennen, die meistens wegen Vernach-
lässigung des Vermögens und der Wirthschaft, Impietät gegen die
Familie, Meineids, unordentlichen Lebenswandels, Treulosigkeit
gegen Clienten, Verschwendung, Entziehung vom Kriegsdienst und
ähnlicher Vergehen, ausgesprochen wurde. Die Strafen waren:
Ausstossung aus dem Senate (*senatu movere*)*) oder aus dem Ritter-
stande (*equum adimere — vende equum*); ferner die Strafe, die mit
dem Ausdruck *tribu movere* bezeichnet wird, welches entweder
heisst, in eine geringere *tribus* d. i. Stadttribus versetzen, oder
eben so viel wie *in Caeritum tabulas referre* d. i. ganz aus den
.Tribus stossen und zum *civis sine suffragio* machen; denn die Einwohner von Cäre in Etrurien, mit denen man nach dem gallischen
Kriege ein *hospitium* geschlossen hatte, waren wegen späteren Ab-

---

*) Im Jahr 70 wurden 64 aus dem Senate gestossen.

falls zu *cives sine suffragio* gemacht worden; endlich *aerarium facere*, welches wahrscheinlich eine beliebige Erhöhung der Vermögenssteuer bedeutet. — In der älteren Zeit wurden alle Bürger persönlich in Rom eingeschrieben; späterhin aber wurde der Census in den Colonien und Municipien von eigenen Censoren vorgenommen, und die Listen von da nach Rom eingesandt. Der eine Censor konnte durch Einspruch die Urtheile des anderen umstossen, und die Censoren des folgenden Lustrums durften die *ignominia* aufheben, welche die vorhergehenden zuerkannt hatten. Auch das Volk verwarf bisweilen die Verfügungen der Censoren dadurch, dass es den aus dem Senat Ausgestossenen hohe Aemter gab.

Ein besonderer Zweig der Censurgeschäfte war die Aufsicht auf die Aufführung und Unterhaltung öffentlicher Gebäude und Anlagen, und die Verpachtung der öffentlichen Einkünfte und Lieferungen unter der oberen Leitung des Senats. Zur Uebernahme dieser Pachtungen und zur Aufbringung der nöthigen Bürgschaft traten grosse Vereine der reichsten Bürger zusammen, besonders Ritter *(publicani)*.

Nachdem Augustus 22 zwei Censoren hatte wählen lassen, wurde kein Census mehr gehalten. In der Kaiserzeit wurde die Censur bisweilen vom Kaiser selbst verwaltet, verlor sich jedoch allmälig.

### §. 18. *Curulische und plebeiische Aedilen.*   49.

Gleichzeitig mit den Volkstribunen führte man auch (494) zwei plebeiische Aedilen als Diener und Gehülfen der Tribunen ein. Späterhin, als das licinische Gesetz angenommen war (367), kamen zwei curulische Aedilitäten (366) hinzu, die von Anfang an, wie es scheint, abwechselnd mit Patriciern und Plebeiern besetzt werden sollten. Die Geschäfte der Aedilen waren: Aufsicht über öffentliche Gebäude, Plätze, Wasserleitungen, Strassen und Wege, Besorgung der öffentlichen Spiele, Verwaltung der öffentlichen Polizei und Bestrafung gewisser Polizeivergehen, Sorge für Getreidezufuhr*) und Güte der Lebensmittel, Anordnung von Maass und Gewicht. Der Unterschied zwischen den plebeiischen und curulischen war unwesentlich; doch scheint die Leitung der grossen (*ludi Romani*) und der megalesischen Spiele den Letztern, denen

---

*) In ausserordentlichen Fällen wählte man einen *praefectus annonae.*

auch die Ehrenzeichen der höhern Magistraturen zukamen, angehört zu haben. Auch kam ihnen die Jurisdiction in den Handelsprocessen und das Recht zu, ein jährliches *edictum* darüber und über die Handhabung der Marktpolizei zu erlassen. Seit der Zeit des ersten punischen Krieges wurden die Spiele grossen Theils auf eigene Kosten der Aedilen angestellt, und gegen das Ende der Republik geschah dieses mit ungeheurem Aufwand, als ein Mittel, sich zu den höheren Aemtern zu empfehlen. Caesar fügte noch zwei plebeiische *aediles Cereales* hinzu; unter den Kaisern wird diese Magistratur nach dem dritten Jahrhundert nicht mehr genannt.

50. §. 19. *Quästoren.*

Unter den Königen waren die Quästoren die regelmässigen Blutrichter (*quaestores parricidii*), wurden aber dann vorzugsweise Finanzbeamte, nachdem *lex Valeria* 509 diese Gerichte an die Centuriatcomitien übergetragen und die Jurisdiction der Quästoren in den Hintergrund gedrängt hatte. Ob sie zuerst von den Königen und dann von den Consuln gewissermassen als Diener und Gehülfen derselben ernannt wurden, ist ungewiss; nach *lex Valeria* erfolgte die Wahl in den Centuriat- und seit 447 in den Tributcomitien. Dieses ursprünglich patricische Amt wurde von zweien verwaltet, zu denen später noch zwei andere kamen, welche die Consuln in den Krieg begleiteten (*quaestores classici*). Nach der völligen Unterwerfung Italiens (seit 265) traten für Italien vier neue hinzu und Sulla vermehrte ihre Zahl auf zwanzig. Die städtischen Quästoren (*quaestores urbani, quaestores aerarii*), deren immer zwei waren, standen dem Aerarium vor und besorgten die gesammten Einnahmen und Ausgaben nach den Anweisungen des Senats; sie bewirtheten die fremden Gesandten und bewahrten die militärischen Feldzeichen und die öffentlichen Urkunden im *aerarium* auf. Die Provinzial-Quästoren, welche die Consuln und Statthalter in den Krieg oder in die Provinz — und zwar nach dem Loose — begleiteten, führten die öffentliche Casse, aus der sie alle Ausgaben für den Befehlshaber und das Heer bestritten und verwalteten überhaupt die finanziellen Angelegenheiten der Provinzen. Auch sorgten sie für Kornzufuhr nach Rom, nahmen die Beute in Verwahrung und verkauften sie. Die Quästur war die erste Stufe zu den höheren Aemtern und hatte besondere Wichtigkeit, insofern sie nicht bloss während des Amtsjahres Zutritt in den Senat verschaffte, sondern auch gleichsam als Pflanzschule für den Senat galt, da derselbe in den späteren Zeiten grösstentheils aus den Quästoren ergänzt wurde. Die Magistratur dauerte unter mancherlei Veränderungen in der Kaiserzeit fort, jedoch wurde die städtische Quästur eine unbedeutende Stelle, indem das *aerarium* davon getrennt wurde. Reine Hofbeamte waren die sogenannten *quaestores Caesaris* oder *principis*.

Unter den Quästoren standen in älteren Zeiten die sogenannten *tribuni aerarii*, welche entweder Tribusvorsteher, also Communalbeamte oder Privatpersonen mit einem bestimmten, nicht unbedeutenden *census* waren, denen die Beitreibung und Auszahlung des Soldes, oder vielleicht auch bloss die Auszahlung desselben an die Soldaten oblag. Diese Stelle war jedoch schon in Cato's Zeit verschwunden, und der Name dauerte fort, ohne dass wir das Verhältniss klar angeben könnten. Von *lex Aurelia* 70 bis *lex Julia* 40 bestand die dritte Richterdecurie aus *tribuni aerarii*, welche die Plebeier vertraten.

### §. 20. *Volkstribunen.*

51.

Als das Volk, ausgeschlossen von Aemtern, und von Schulden gedrückt, im Jahre 494 einen Aufstand*) erregte, wurde unter der Bedingung eine Vereinigung zu Stande gebracht, dass man eine eigene Stelle, das Volkstribunat, welches zufolge einer *lex sacrata*\**), *sacrosanctus* war, stiftete. Zuerst wählte man sie wahrscheinlich in den *comitiis centuriatis*, aber seit *lex Publilia* 471 in den *comitiis tributis*. Die Anzahl der Tribunen war anfangs zwei oder fünf, nach dem Jahre 457 dagegen 10, die nach der *lex Trebonia* (448) alle vom Volke ohne Cooptation zu gestatten, die vorher zuweilen Statt fand, gewählt werden mussten. Sie waren eigentlich keine Magistrate des Volkes und hatten keinen eigenen Verwaltungszweig aus der ganzen Staatsregierung, sondern sollten bloss durch ihre Interces-

*) Die erste Secession; die zweite im Jahr 449 aus Unzufriedenheit mit der Decemviralregierung, die dritte im Jahr 286 wegen der gedrückten ökonomischen Lage des Volkes.

\**) *Leges sacratae* hiessen die Gesetze, welche bestimmten, dass der Uebertreter *sacer* sein sollte. Diese Gesetze waren besonders solche, die dahin zielten, die Heiligkeit der Volksrechte zu sanctioniren, z. B. dass die Volkstribunen Plebeier sein sollten, oder dass nur in den Centuriatcomitien über eines römischen Bürgers *caput* verhandelt werden durfte.

sion (*veto*) zum Besten der Einzelnen gegen den Druck der Consuln und die Anmassungen der Patricier wirken. Als *sacrosancti*
unverletzlich und dadurch gedeckt stärkten sie ihre Macht in rascher
Aufeinanderfolge. So eigneten sie sich bald das Recht zu, Patricier
vor das Volksgericht zu laden, und ergriffen allmälig die Initiative
zu Gesetzesvorschlägen in den *comitia tributa*, denen sie präsidirten.
Als der Gegensatz zwischen Patriciern und Plebeiern seiner politischen Bedeutung nach verschwand, zweckte die Intercession besonders dahin, sich den Eingriffen der regierenden Gewalt in die
Volksrechte, welche sich entweder in Senatsbeschlüssen oder in
Amtshandlungen äusserten, zu widersetzen; und diese Intercession
machten sie bei denen, welche sich derselben gewaltsam oder auch
nur passiv widersetzten, durch Geldstrafen (*multa*) oder Verhaftung
(*prehensio*) geltend. Sie hatten Zutritt in den Senat und errangen
sogar das Recht ihn zu versammeln; ein einziger Tribun konnte
jedoch durch seine Intercession die Beschlüsse der übrigen verhindern, und die Gegenpartei bediente sich dieses Mittels oft, um
die Tribunenintercession unwirksam zu machen. Tiberius Gracchus erlaubte sich indessen, bei dem Volke auf die Absetzung
eines solchen intercedirenden Tribuns anzutragen. Ihre Amtsgewalt erstreckte sich nur bis auf 1000 *passus* ausserhalb der Stadt,
und sie durften keine Nacht von Rom abwesend sein. Kein Patricier,
es sei denn, dass er sich von einem Plebeier adoptiren liess (*trans-
itio ad plebem*, z. B. Clodius), und Niemand, dessen Vater ein
curulisches Amt bekleidet hatte und noch lebte, durfte zu dieser
Stelle gewählt werden. Mit dem Verfall der Sitten wurde die tri-
bunicische Intercession öfters missbraucht (wie z. B. von Baebius
im jugurthinischen Kriege. Sal. Iug. cap. 34). Sulla nahm der
Tribunengewalt ihre wichtigsten Rechte, z. B. die Initiative zu
Gesetzesvorschlägen, und liess ihr bloss die *auxilii latio;* aber
diese Beschränkungen endeten mit dem Consulate des Pompeius
und Crassus (70). August erhielt die *tribunicia potestas*, mit
der auch die folgenden Kaiser bekleidet waren. Das Tribunat
dauerte fort, aber ohne Bedeutung.

52.                       §. 21. *Geringere Aemter.*

Zu den geringeren Beamten rechnen wir die *triumviri capitales* durch *lex Papiria* 289 errichtet, welchen die Ausführung polizei-
licher Anordnungen, die Aufspürung von Verbrechen, Verhaftungen,

die Aufsicht über Gefängnisse und Hinrichtungen, nebst dem Straf-
recht über Sclaven und geringere Personen, übertragen war; die *triumviri monetales* oder III. *viri A⫫AFF* d. i. *auro, argento, aeri flando
feriundo*, welche das Prägen der Münze besorgten, was in der Regel
in Rom geschah. Ferner die *decemviri litibus iudicandis*, deren
frühere Wirksamkeit in Dunkel gehüllt ist, bis sie das Präsidium
des Centumviralgerichts erhielten. Endlich die alten *triumviri no-
cturni*, Aufseher über die Feueranstalten und nächtliche Polizei,
deren Functionen 289 von den *triumviri capitales* mit übernommen
wurden.

§. 22. *Ausserordentliche Magistrate: Dictator, Interrex, Prae-* 53.
*fectus urbi.*

Ausserordentliche Magistrate sind diejenigen, welche in gewissen Fällen die Functionen der andern übernahmen.

Ein *dictator* oder *magister populi* soll zum ersten Mal im
Jahre 501 bei Gelegenheit eines gefährlichen Latinerkriegs gewählt
worden sein, was späterhin öfters geschah (*dictatorem dicere*) nämlich bei gefahrvollen auswärtigen Kriegen oder inneren Unruhen,
bisweilen auch aus minder wichtigen Ursachen, z. B. um die Comitien zu halten, Spiele anzustellen, nach der Schlacht bei Cannä
um die Senatsergänzung vorzunehmen. Die Bestellung des aus
den Consularen zu ernennenden Dictator erfolgte durch die Consuln, und zwar in Folge eines *senatus consultum*. Nachdem derselbe sich als Gehülfen einen *magister equitum* (*mag. equ. dicere,
cooptare*) mit Prätorrang erwählt hatte, beantragte er die *lex curiata
de imperio*. Ursprünglich besass er die ganze königliche Gewalt,
sogar ohne Provocation, und hatte daher 24 *lictores* mit den *fasces
cum securibus;* alle anderen Magistraturen hörten auf, mit Ausnahme des Tribunats; die Dictatur dauerte jedoch nur 6 Monate,
in den meisten Fällen wurde sie sogar nach Ablauf einer viel kürze-
ren Zeit niedergelegt, wenn die Geschäfte, um derentwillen sie eingesetzt wurde, vollbracht waren. Die Stelle war anfangs patricisch,
konnte aber nachher auch von Plebeiern verwaltet werden (zum
erstenmal 356). Späterhin ward die Dictatur beschränkt; die Tribunen konnten sich dem Missbrauch ihrer Gewalt widersetzen,
wenigstens wenn der Dictator nicht *belli gerendi* oder *seditionis
sedandae causa* bestellt war, und wir finden auch andere obrigkeitliche Aemter daneben fortbestehen. In den letzten 200 Jahren der

4 *

Republik wählte man keinen Dictator; doch eigneten sich S u l l a
und C a e s a r unter dem Namen einer immerwährenden Dictatur
die höchste Gewalt im Staate auf illegale Weise an.

Wenn ein König gestorben war, bildeten nach L i v i u s' Bericht die Senatoren Decurien, von denen jede ihren Vorsteher hatte;
die zehn führten die Regierung, und der Eine hatte die Insignien;
doch dauerte die Herrschaft jeder Decurie nur fünf Tage, und dieses
Interregnum fand Statt bis zur neuen Wahl. Andere meinen, dass
der Interrex nicht aus den Senatoren, sondern aus der Gesammtheit der Patricier hervorgegangen wäre, wenn auch factisch nur
Senatoren das Amt bekleidet hätten. In der Republik erneuerte
man diesen Gebrauch Interregen zu wählen, wenn durch einen Zu-
fall kein Magistrat vorhanden war, um die Wahlcomitien zu halten,
z. B. als im Jahr 444 die drei ersten *tribuni militum consulari
potestate* wegen unrichtiger Auspicien ihr Amt hatten niederlegen
müssen. Jeder Interrex fungirte nur fünf Tage, doch war es Sitte,
dass bei einer Amtserledigung nicht der erste Interrex, sondern
erst der folgende die neue Wahl hielt. Den Interrex nahm man
aus den Patriciern (*interregem creare, prodere*), und die Stelle blieb
fortwährend patricisch. Nach einem langen Zeitraum finden wir
wieder Interregen gegen das Ende der Republik.

Schon in der Königszeit wird ein *praefectus urbi* oder *custos
urbis*, ein Statthalter in Abwesenheit des Königs, erwähnt. Ein
solcher Magistratus blieb auch nachher zur Zeit der Republik als
Stellvertreter des Consul, wenn dieser zu den latinischen Festen
gereist war. Indess war dies bloss ein Gebrauch, den man beibehielt; denn die Geschäfte des Consul wurden eigentlich vom Prätor
verrichtet. A u g u s t führte einen Polizeibeamten dieses Namens
ein, welches nach und nach unter den Kaisern eine wichtige Stelle
wurde (s. §. 57).

54.                §. 23. *Unterbedienten.*

Zur Verrichtung des Einzelnen und zur Besorgung untergeordneter Geschäfte stand den Magistraten eine bedeutende Anzahl
Unterbedienten zu Gebote (*apparitores*). Die wichtigsten unter
diesen waren die *scribae*, oder *scribae librarii*, welche in Decurien
eingetheilt waren und aus dem Aerarium besoldet wurden. Die Stellen
in dieser Körperschaft konnte man sich erkaufen. Anfangs waren
sie nur wenig geachtet und meistentheils *libertini*, späterhin jedoch

wurden sie ein angesehener Stand (*ordo honestus* von Cicero genannt), und erlangten durch ihre Uebung und Bekanntschaft mit den Geschäften öfters einen bedeutenden Einfluss bei den weniger erfahrenen Magistraten. *Scribae consulares* und *praetorii* gab es nicht, sondern diese Magistraten wählten sich Schreiber aus ihren eigenen Leuten oder aus den Lohnschreibern. Dagegen von Staatswegen angestellt waren die *scribae quaestorii* (3 *decuriae*), *aedilicii* (1 *decuria*) und *tribunicii* (1 *decuria*).

Geringere Diener waren die *praecones*, Herolde, die *lictores*, welche den höheren Magistraten (mit Ausnahme der Censoren und curulischen Aedilen) mit den *fasces* vorangingen, um deren Gewalt zu bezeichnen und ihre Befehle zu vollziehen; *viatores*, Boten. Einen militärischen Charakter hatten die *accensi*, eigentlich Ordonanzsoldaten, die sich nur bei Magistraten finden, die das Imperium hatten. Endlich standen den Magistraten auch zahlreiche *servi publici* zu Diensten.

§. 24. *Beauftragte zur Ausführung specieller Geschäfte.*  55.

Unter den ausserordentlichen Beauftragten zu zeitweiliger Besorgung einzelner Geschäfte (*curatores*) werden die *praefecti annonae* genannt, die man in den älteren Zeiten einsetzte, um das Getreidewesen im Fall eines Misswachses oder einer Theurung zu ordnen, Zufuhr zu beschaffen u. s. w. Zum erstenmal L. M i n u c i u s im Jahre 440; zuletzt P o m p e i u s 57. Dieses Amt wurde von A u g u s t u s als ein regelmässiges mit umfassenden Rechten von neuem eingeführt. Ferner sind zu nennen die *triumviri, quatuorviri, decemviri coloniis deducendis* oder *agris dividundis, duumviri aedibus dedicandis* und mehrere dergleichen Aemter.

*D.* R e g i e r u n g s f o r m  u n t e r  d e n  K a i s e r n.

§. 25. *Der Kaiser.*  56.

Der römische Staat, der sich besonders seit der Zeit des Bundesgenossenkrieges seinem Wesen nach immer mehr auflöste, bedurfte eines höheren Vereinigungspunktes, und fand diesen in der monarchischen Form, die mit C a e s a r begann, und sich unter A u g u s t und dessen Nachfolgern entwickelte. Diese Monarchie bildete sich indessen durch Usurpation und ohne feste staatsrechtliche Form, sowie anfänglich unter dem Schein der Beibehaltung der alten Einrichtungen. Die kaiserlichen Titel: *princeps, imperator, Caesar* (eigentlich ein Familiennamen, in der späteren Zeit ein specieller Titel des Mitregenten und Successors) und *Augustus* rühren von Octavian her. Die kaiserliche Macht bildete sich durch die Vereinigung der höchsten republikanischen Aemter und Rechte, die man Octavian übertrug, der allmälig *legibus solutus* wurde, die Consul-, Censoren- und Tribunengewalt in sich vereinigte, das höchste *imperium* erhielt, und beständiger Proconsul und Pontifex Maximus wurde. *Honores divini* wurden August und nach ihm den meisten folgenden Kaisern zuerkannt. Ob die Succession auf Erblichkeit oder Wahl beruhete, war durch keine feste Bestimmung entschieden, und während man auf der einen Seite die Erblichkeit oder das Recht des Kaisers, seinen wirklichen oder adoptirten Sohn zu seinem Nachfolger zu bestimmen, anerkannte, so wurde doch auf der anderen Seite die Macht auch als eine dem Kaiser durch einen oder mehrere Acte des Senats zuertheilte betrachtet, und ihm öfters namentlich später durch eine willkürliche Handlung der Soldaten übertragen.

57.    §. 26. *Verwaltung in der älteren Kaiserzeit.*

In der Administration finden wir in der älteren Kaiserzeit ungefähr bis Hadrian schwindende republikanische Formen, darauf Uebergangsformen, bis die neue Staatsorganisation sich unter Diocletian und Constantin vollständig entwickelte. In der früheren Zeit regierte der Kaiser durch den Senat und die republikanischen Magistrate. Doch bildete sich daneben ein näherer kaiserlicher Rath nebst einem Hof- und Administrationspersonal von untergeordneten Personen, namentlich die kaiserlichen Freigelassenen (*liberti Caesaris*), da es gegen die alte römische Sitte stritt, dass freigeborne Bürger in Jemandes persönliche Dienste traten. Inzwischen entstanden auch neue, den Forderungen der Zeit entsprechende Magistrate, die nach und nach die republikanischen verdrängten. Die wichtigsten unter diesen waren: der *praefectus urbi*, kaiserlicher Stellvertreter in allen Civil- und Polizeiangelegenheiten, der später die höchste Criminal-Iurisdiction erhielt, und der *praefectus praetorio*, ursprünglich Befehlshaber der von Octavian errichteten stehenden Leibwache, welcher aber allmälig, wegen der Bedeutung der Militärgewalt für den Kaiser, einen eingreifenden Einfluss auf die öffentlichen Angelegenheiten und die Rechtspflege erlangte. Mehrmals bestieg er selbst den Thron, nachdem er den Kaiser verdrängt hatte. Minder bedeutende Magistrate waren der *praefectus annonae* und *praefectus vigilum*.

§. 27. *Verwaltung in der späteren Kaiserzeit.* 58.

Von Hadrian's Zeit an verschwinden die Spuren der alten Verfassung mehr und mehr; doch wurde erst seit Diocletian's und Constantin's Zeit das neue Regierungssystem consequent durchgeführt. Den Kaiser finden wir nun als *dominus*, umgeben von einem zahlreichen und prachtvollen Hofstaat. Vom Alten behielt man nur die Consulwürde bei als einen Ehrentitel (*consules honorarii*), und den Senat als eine Behörde zum Prunk, dessen Mitglieder einen hohen Rang hatten, aber schwere Lasten trugen, z. B. Largitionen an das Volk und Beiträge zu Festen. Der eigentliche Staatsrath war das *consistorium principis*, welches theils aus eigens hierzu ernannten *comites consistoriales* bestand, theils aus den höchsten Reichsbeamten und Ministern, z. B. dem *magister officiorum, quaestor sacri palatii, comes sacrarum largitionum* und *comes rei privatae*. Nach der Scheidung des Reichs in vier Präfecturen (s. die Verwaltung der Angelegenheiten ausserhalb der Stadt §. 9.) wurden diese von vier *praefecti praetorio*, die die Civiladministration ohne Militärgewalt hatten, verwaltet. Letztere übertrug man den *magistri militum*, deren Constantin zwei einsetzte, einen für die Reiterei und einen für das Fussvolk. Die einzelnen Armeen in den Provinzen wurden von *comites* oder *duces* befehligt. Unter diesen hohen Magistraten stand eine zahlreiche und nach einem bestimmten Range geordnete Reihe untergeordneter Beamten mit ihrem massenhaften Bureaupersonal (*officia*).

---

**Staatsverwaltung.**

**A. Rechtswesen.**

§. 1. *Eintheilung des Rechts.* 59.

Die römischen Juristen unterscheiden zwischen *ius publicum*, d. i. die im römischen Staate geltenden Bestimmungen über die Rechte des Staates gegen die Bürger und die Verhältnisse der Einzelnen zum Staat, und *ius privatum*. Zu diesem gehört das *ius civile*, d. i. das den römischen Bürgern eigenthümliche Recht. Das *ius gentium* enthält die Rechtsbestimmungen, die für alle, den Römern bekannte

Nationen galten, war also in philosophischer Beziehung dem Natur-
recht oder allgemeinen Menschenrecht identisch.

60.
## §. 2. Rechtsquellen.

Das *ius civile* ist entstanden aus Gewohnheiten, von welchen
einige frühzeitig durch bestimmte Gesetze, unter denen die ältesten
die nur in wenigen Bruchstücken auf uns gekommenen sogenannten
*leges regiae* sind, sanctionirt wurden. Die Grundlage des ganzen
folgenden Rechts war indess die Decemviralgesetzgebung der *XII
tabulae* (451—450). Auf diese Grundlage baute man weiter durch
Gesetze, sowohl *leges centuriatae* als *tribuniciae*, nachdem die Plebiscite Gesetzeskraft erhalten hatten. Diese Gesetze wurden von
den Magistraten abgefasst und vom Volke angenommen. Eine wichtige Rechtsquelle sind sodann die Edicte der Magistrate, besonders
der Prätoren (*ius honorarium* oder *praetorium*). Der *praetor urbanus*
machte nämlich bei seinem Amtsantritt die Regeln bekannt, die er
bei seiner Amtsführung befolgen wollte. Dieses Edict galt zwar
nur für sein Amtsjahr, die wesentlichsten Bestimmungen gingen
aber doch aus dem einen Edict ins andere über (*edictum tralati-
cium*), und seit Cicero's Zeit konnte es als ein festes Ganzes betrachtet werden, das im Wesentlichen nicht bedeutend verändert
wurde. Das Edict dürfen wir uns nicht denken als ganz willkürliche Bestimmungen, sondern als solche, wodurch ältere unbrauch-
bar gewordene gesetzliche Anordnungen aufgehoben, und neue mit
Berücksichtigung des Gewohnheitsrechts (*mores, consuetudo*) oder
der Billigkeit (*aequitas*) eingeführt wurden. Es war somit eine
Institution, wodurch es dem Rechtszustand immer möglich gemacht
wurde, mit der fortschreitenden Rechtsanschauung Schritt zu halten
und den Forderungen der Zeit gerecht zu werden. Auf dieselbe
Art entstand ein Edict des *praetor peregrinus*, und für die Provinzen des Statthalters. Zur Entwicklung des Gewohnheitsrechts
trugen auch die richterlichen Entscheidungen (*res iudicatae*) und
die *responsa* bekannter Rechtsgelehrten bei (*iuris peritorum auctoritas*), die besonders in der Kaiserzeit grosses Ansehen erlangten,
indem Respondenten öffentlich angestellt wurden.

61.
## §. 3. Fortsetzung. Unter den Kaisern.

Seit August's Zeit wurden besonders die Senatsbeschlüsse,
die bereits gegen das Ende der Republik eine gewisse Gesetzes-

kraft erhalten hatten, späterhin die kaiserlichen Verordnungen (*constitutiones principum*) Rechtsquellen. Die Edicte der Prätoren wurden allmälig abgeschlossen, aber die Schriften der Juristen vermehrten sich. Von den kaiserlichen Verordnungen entstanden späterhin mehrere Sammlungen. Eine solche unter öffentlicher Sanction ausgearbeitete Gesetzsammlung ist der *codex Theodosianus* (unter Theodosius II.) mit seinem Anhang *novellae*. Unter Justinian entstand eine berühmte Gesetzsammlung, die aus drei Theilen bestand: 1. aus dem *codex*, einer Sammlung von Constitutionen, besonders das Privatrecht betreffend; 2. den *digesta* oder *pandectae*, einem Auszug aus den Schriften der berühmtesten Juristen; 3. den *institutiones*, einem kurzen Rechtssystem für Anfänger. Der *Codex Iustinianeus* wurde später durch den *codex repetitae praelectionis*, eine Revision des älteren Gesetzbuches aufgehoben und durch die *novellae*, einen Anhang späterer Verordnungen, ergänzt. Fast gleichzeitig mit Justinian entstanden auch im westlichen Europa Gesetzsammlungen (*edictum Theoderici, lex Romana Visigothorum* und *lex Romana Burgundionum*).

§. 4. *Iudicia publica und privata. Ius und iudicium.*   62.

Die Rechtspflege erstreckte sich theils auf *causae publicae*, theils auf *privatae*. Die *causae publicae* betrafen den ganzen Staat, die *privatae* die Rechte einzelner Personen oder Privatvergehen, z. B. Diebstähle. Die Rechtsverfolgung fand daher in den *iudicia publica* und *privata* Statt. Es ist eine Eigenthümlichkeit des römischen Rechtsgangs, dass die Untersuchung des factischen Verhältnisses unter den streitenden Parteien und die Bestimmung der dabei in Anwendung kommenden Rechtssätze nicht, wie bei uns, in einer Person, dem Richter, sich vereinigten; sondern zur Zeit der Republik war beides streng geschieden, so dass die juridische Frage von einem Magistratus entschieden, der factische Theil hingegen von Privatrichtern untersucht und beurtheilt wurde. Die Verhandlung vor dem Magistratus heisst *ius*, die vor den Richtern *iudicium*. Weder der Magistratus noch die Richter mussten nothwendig Rechtskundige sein, sondern in zweifelhaften Fällen konnten sie juridische Hülfe suchen. Doch dürfen wir nicht übersehen, dass Rechtskenntniss in Rom zur Zeit der Republik allgemeiner war, als bei uns. Die 12 Tafelgesetze wurden in den älteren Zeiten öfters von den Knaben auswendig gelernt. Auch trug die Oeffentlichkeit der Rechtsverhandlungen hierzu bei.

**63.**

### §. 5. *Gerichtspersonal. Magistrat.*

Das Rechtswesen wurde anfangs von Königen, hierauf von Consuln, späterhin von Prätoren geleitet. Der Prätor bestimmte das Rechtsverfahren im Ganzen durch sein Edict; in den einzelnen Processen wählte er Richter und instruirte sie durch die vorläufige Entscheidung der juridischen Frage über das Factum, dessen Untersuchung er ihnen überliess. Das gefällte Urtheil liess er vollziehen. Diese Wirksamkeit hiess *iurisdictio*, und wurde mit den Worten bezeichnet: *do (iudices), dico (ius), addico (iudicatum)*. In den richterlichen Comitien hatte er den Vorsitz. Der *praetor urbanus* beschäftigte sich mit Privatprocessen zwischen Bürgern, der *peregrinus* mit Processen zwischen Bürgern und Fremden, oder zwischen Fremden unter einander. Die übrigen Prätoren leiteten das Criminalrecht, nachdem die *quaestiones perpetuae* eingeführt waren. In den Municipien und Colonien wurde das Gerichtswesen auf gleiche Weise von einer Localobrigkeit verwaltet (s. §. 100). In den Provinzen hatte der Statthalter die Jurisdiction, die nach einem Provinzialedict und den besonderen Verhältnissen der Provinz gemäss ausgeübt wurde. In der Kaiserzeit stand der Kaiser an der Spitze der Justiz und war die höchste Instanz; unter ihm der Senat, der *praefectus urbi, praefectus praetorio*, und andere Magistrate. Der Unterschied zwischen *ius* und *iudicium* hörte seit Diocletian's Zeit auf, wo der Magistrat selbst Richter wurde (*cognitio extraordinaria* im Gegensatz zu dem alten *ordo iudiciorum*).

**64.**

### §. 6. *Richter.*

Die Untersuchung des Factums und die darauf gegründete richterliche Entscheidung gehörte vor Privatrichter, die vom Prätor nach bestimmten Regeln jährlich gewählt und in Decurien eingetheilt waren (*iudices*, dazu *recuperatores* und *arbitri*). Die Richter in den *iudicia publica* waren anfangs Senatoren, aber seit C. Gracchus' Zeit Ritter. Es geschahen später mehrere Versuche, um dem Senate die *iudicia* wieder zu verschaffen, aber dies gelang erst unter Sulla. Unter dem Consulate des Crassus und Pompeius (70) wurden die *iudicia* nach der *lex Aurelia* unter die Senatoren, Ritter und *tribuni aerarii* (s. §. 50) getheilt, welche letzteren von Cäsar abgeschafft wurden. Auch in den Municipien und Provinzen übte eine Auswahl von Bürgern die Richterfunctionen aus.

Ausser dem Gericht der Prätoren wird ein Centumviralgericht genannt, ohne Zweifel ein sehr altes in der Kaiserzeit fortdauerndes Gericht für Civilsachen, die besonders das alte römische Eigenthumsrecht und Erbangelegenheiten betrafen; jedoch kennen wir dessen Grenzen nicht genau. Die Zahl der Richter war eigentlich 105, nämlich 3 für jede von den 35 *tribus*, vom Volke ernannt. Das Decemviralgericht (*decemviri litibus iudicandis*) s. §. 52.

## §. 7. *Sachwalter. Advocati.*  65.

Anfangs brachten die Parteien selbst ihre Sache vor, später wurde es immer mehr Sitte, in öffentlichen und Privatprocessen sich der Sachwalter\*) (*patroni, oratores*) zu bedienen, die jedoch nicht nothwendig gründliche Juristen zu sein brauchten. Sie durften nach der *lex Cincia de donis et muneribus* (204) weder Bezahlung noch Geschenke nehmen; aber später wurde das Salarium allgemein. Andere Beistände vor Gericht waren die *advocati*, Freunde der streitenden Parteien, die durch ihren Rath und persönliche Gegenwart ihre Theilnahme bewiesen und Hülfe leisteten.

## §. 8. *Rechtsgelehrte.*  66.

Rechtsgelehrte (*iurisconsulti, prudentes*) waren anfangs bloss die Patricier, als die einzigen, welche die *fasti* und *actiones* oder die alten Processformeln kannten. Sie leiteten sowohl den *praetor* als die *iudices* an, gaben den Parteien Rath und Verhaltungsregeln (*respondere de iure*) und verfassten Documente (*scribere*) oder auch Cautionsformulare (*cavere*). Ihre Antworten hatten öfters indirecte Einwirkung auf die Rechtsbestimmungen selbst, und diese nahm in der Kaiserzeit sehr zu. Zu August's Zeit entstanden zwei juristische Schulen mit von einander abweichenden Meinungen, deren Häupter C. Ateius Capito und C. Antistius Labeo waren (*Proculeiani* und *Sabiniani*). In Rom und den Hauptstädten der Provinzen bildeten sich Rechtsschulen mit besoldeten Lehrern. Einer der berühmtesten Rechtsgelehrten war der im Zeitalter der An-

---

\*) Sowie die Wirksamkeit der Sachwalter der Weg zu politischem Ansehen und Macht war, so sehen wir auch die höchsten Beamten als Redner vor Gericht auftreten.

tonine lebende Gajus, dessen *commentarii institutionum*, wiewohl in mangelhaftem Zustande, von Niebuhr in Verona aufgefunden wurden. Ausser diesem nennen wir noch vier andere: Aemilius Papinianus, Domitius Ulpianus, Julius Paulus und Herennius Modestinus.

### Privatrecht.

**67.** §. 9. *Rechtsfähigkeit am Rechtssubject.*

Die Hauptbedingung, um Rechte haben zu können, war, ein freier römischer Bürger zu sein. Nur dieser hatte das *connubium* und *commercium*. Der Sclave und derjenige, welcher eine *capitis deminutio maxima* und *media* erlitten hatte, war daher kein Rechtssubject. Der Fremde, vor Alters *hostis* genannt, war gleichfalls ursprünglich rechtlos. Doch milderte sich allmälig die Härte in diesen Verhältnissen, besonders durch das Edict des Prätor, und es entstanden freiere Formen. Zur vollständigen Rechtsfähigkeit gehört ferner die Unabhängigkeit von der strengen römischen Familiengewalt (*patria potestas*) oder dass man *sui iuris* war. Um Handlungen mit juridischer Wirkung vorzunehmen war ein gewisses Alter erforderlich. Späterhin setzte *lex Plaetoria de circumscriptione adolescentium* neben der Mündigkeit (das 15. Jahr) zugleich Bestimmungen über die Minderjährigkeit mit gewissen juridischen Einschränkungen und Schutzmitteln für die Minderjährigen (*minores*, nämlich *XXV annis*, die also von den *impuberes* verschieden sind), fest.

**68.** §. 10. *Eintheilung des Privatrechts. Dingliche Rechte.*

Die Rechtsgelehrten theilen das Privatrecht in **dingliches Recht, Obligationenrecht, Familienrecht und Erbrecht.** Beim dinglichen Recht unterscheiden sie zwischen Besitz (*possessio*) oder dem Recht der Benutzung und des Gebrauchs, z. B. des *ager publicus* und dem wirklichen Eigenthum (*dominium*, Ausdruck der Kaiserzeit). Das *dominium* war entweder das strenge (*ex iure Quiritium*) quiritarische Eigenthumsrecht oder das natürliche (*in bonis*), welches auch die *peregrini* haben konnten. Das strenge Eigenthumsrecht an *res mancipi* (d. i. gewisse Gegenstände, die in der älteren Zeit als Grundlage der bürgerlichen und häuslichen Existenz von der grössten Wichtigkeit waren, nämlich italisches Grundeigenthum, Sclaven, Arbeits- und Lastthiere) konnte nur durch

gewisse strenge Formen für die Erwerbungsweise erlangt werden.
Die wichtigsten dieser Formen, die alle die Civität nothwendig
voraussetzten, waren: 1. das *mancipium* oder *mancipatio* d. i. ein
symbolischer Verkauf im Beisein von fünf *puberes* und eines *libripens*
(*per aes et libram*). Dieser Form bediente man sich gleichfalls bei
der Adoption und Emancipation. Eine solche juridische Verhandlung unter symbolischer Zuwägung des Geldes hiess auch *nexus*
s. *nexum*, welcher Ausdruck vorzugsweise dem Obligationenrecht
angehört; 2. die *in iure cessio*, d. i. Abtretung in Form eines Pro-
cesses, wobei der Magistrat dem Erwerbenden die Sache zuerkannte;
3. die *usucapio* d. i. Verjährung, wodurch das natürliche Eigenthum in quiritarisches übergehen kann. Die alte Verjährungszeit war
für unbewegliche Güter zwei Jahre, für andere ein Jahr. Späterhin wurden die Bestimmungen über die Verjährung verändert. Das
quiritarische Eigenthumsrecht verlor nach und nach seine Bedeutung,
bestand jedoch in der Theorie fort, bis Justinian es aufhob.

Ueber das Eigenthum hatte Jeder vollkommnes Dispositions-
recht bis auf gewisse Einschränkungen, denen Rücksichten auf das
öffentliche Interesse oder auf Nachbarschaft zu Grunde lagen.

§. 11. *Obligatorische Rechte. Obligationen durch contractus.* 69.

Obligatio ist ein solches Verhältniss zwischen zwei Personen, von denen die eine ein gewisses Recht hat der andern gegenüber, oder die Befugniss, eine gewisse Leistung zu fordern. Nach
der Meinung der römischen Juristen entstehen alle obligatorischen
Rechte entweder durch *contractus* oder *delictum*\*). Contractver-
hältnisse konnten nach dem alten strengen römischen Rechte nur
zwischen Bürgern eingegangen werden, und waren an bestimmte Formen gebunden. Späterhin wurden sie auch von *peregrini ex iure gentium* eingegangen, und die Strenge des alten Obligationenrechts
milderte sich durch das Edict des Prätor, welches neue Formen
schuf.

Die wichtigsten Formen für Contracte sind 1. *nexus*, d. i.
eine in Gegenwart von Zeugen vorgenommene symbolische Zuwägung von Erzgeld (*per aes et libram*), welche als Contract für
Darlehen oder eine andere Schuld galt. Schuldner, die sich durch

---

\*) Daher kommt Verschiedenes im Privatrecht vor, was bei uns in das
Criminalrecht gehört, wie Diebstahl und Raub.

*nexus* \*) verpflichteten, wurden nach den zwölf Tafelgesetzen äusserst streng behandelt, indem der zahlungsunfähige Schuldner nach abgelaufener Zahlungsfrist sich dem Creditor zur Disposition stellen musste, zur Arbeit oder zur Haft, bis *lex Poetelia Papiria* im J. 326 oder 313 das *nexum* als Darlehenscontract verbot und bestimmte, dass die Person des Schuldners nicht in Fesseln gelegt werden durfte. 2. Der Verbalcontract *(stipulatio)*, welcher durch eine bestimmte Frage des Creditor und dieser entsprechende Antwort *(sponsio, responsio)* des Debitor eingegangen wurde. 3. Literalcontracte, die in lateinischer Sprache abgefasst werden mussten, beziehen sich besonders auf die Eintragung in den *codex (tabulae) accepti et expensi*, den jeder ordentliche Römer mit Sorgfalt führte, und der Rechtsgültigkeit hatte. Eine solche Obligation machen, heisst *nomina facere (scribere, perscribere)*, und besteht darin, dass man die Person, welche als Schuldner bezeichnet wird, nebst der schuldigen Summe unter die Ausgaben eintrug, und ihn dadurch verpflichtete. Diese Eintragung ins Hauptbuch konnte natürlich nur mit Einwilligung des Schuldners geschehen. Die Auszahlungen erfolgten öfters durch Banquiers *(argentarii, mensarii, trapezitae)*, bei denen Viele ihr Vermögen angelegt hatten, und deren Bücher bei rechtlichen Verhandlungen öfters vorgelegt wurden. In den Provinzen wurde ein Darlehen durch *syngrapha*, d. i. eine vom Creditor und Debitor unterschriebene und besiegelte Urkunde, gestiftet. Unter den Kaisern kamen *chirographa* auf, d. h. handschriftliche Schuldscheine.

70.  §. 12. *Fortsetzung. Obligationen durch delictum.*

Obligationen *ex delictis* erstreckten sich nur auf *furtum, rapina, iniuria, damnum iniuria datum.* Das *furtum* heisst *manifestum*, wenn der Dieb auf frischer That ergriffen wird. Nach den zwölf Tafeln konnte man einen solchen Dieb ungestraft tödten,

---

\*) Der Wucher vermehrte in hohem Grade die Schwierigkeit der Zahlung und es entstanden oft Unruhen. Die zwölf Tafelgesetze setzten zuerst einen bestimmten Zinsfuss fest *(fenus unciarium*, d. i. 8½, später 10 Procent), und ungeachtet mehrere gesetzliche Bestimmungen späterhin gegeben wurden, um die schwere Zinsenlast zu mindern, so dauerte doch der Wucher als eine beständige Quelle der Unzufriedenheit fort. Besonders wurde er in den Provinzen in den späteren Zeiten in einem ungeheuren Grade getrieben. Eine ausserordentliche Veranstaltung zur Minderung der Schulden waren die *tabulae novae* in Sulla's Zeit.

wenn man ihn bei Nacht ertappte, und ebensowohl bei Tage, wenn
er mit einer Waffe Widerstand leistete. In allen Fällen konnte
er dem Eigenthümer zugesprochen und in Fesseln gehalten werden.
Das prätorische Recht bestimmte vierfache Erstattung beim *furtum
manifestum*, und zweifache beim *furtum nec manifestum*. *Iniuria*.
Nach den zwölf Tafeln galt gegen Realinjurien die *talio*, wenn man
sich nicht durch einen Vergleich über anderweitigen Ersatz vereinigte, und für geringere Injurien Geldstrafen. An die Stelle der
*talio* trat durch das prätorische Recht eine höhere Geldbusse.
*Damnum* oder Beschädigung des Eigenthums eines Anderen musste
nach gesetzlichen Bestimmungen (*lex Aquilia*) ersetzt werden.
Räuberische Angriffe auf fremdes Eigenthum betrachtete
man in den älteren Zeiten auf dieselbe Weise; als aber in den
Bürgerkriegen solche Angriffe allgemein wurden, wurde von dem
Prätor M. Lucullus 76 vermöge einer *actio vi bonorum raptorum*
eine Strafe in *quadruplum* festgesetzt.

### §. 13. *Familienrecht. Ehe.* 71.

Eine nach römischen Gesetzen vollgültige Ehe (*iustae nuptiae,
matrimonium legitimum*) setzte auf beiden Seiten *connubium*, also
ursprünglich Standesgleichheit, nach *lex Canuleia* (445) Civität voraus. Eine solche Ehe ward entweder nach strengeren oder freieren
Formen geschlossen. Das erstere geschah entweder durch *confarreatio*, d. i. eine auf dem religiösen Element beruhende den
Patriciern eigene Vermählung mit feierlichem Opfer und mehreren
Ceremonien in Gegenwart des *pontifex maximus* und *flamen Dialis*,
worauf die Heimführung der Braut unter Beobachtung von mancherlei Gebräuchen folgte; oder durch *coëmptio*, d. i. einen ima-
ginären Verkauf (*per aes et libram*) mit gewissen bestimmten Formeln; oder durch *usus*, Verjährung oder ununterbrochenes Zusammenleben ein volles Jahr hindurch. Durch diese Arten kam die
Frau aus der Gewalt ihres Vaters oder Vormunds heraus, ging ganz
in die Familie des Mannes über und wurde ihm wie eine Tochter
untergeben (*in manu esse, conventio in manum*). Durch die Ehe ohne
*manus* entstand keine solche Abhängigkeit, sondern die Frau (*uxor
tantum*) blieb in ihres Vaters, Vormunds oder ihrer eigenen Gewalt. Die strengere Ehe, besonders durch *confarreatio*, wurde
immer seltener. Ein *matrimonium iniustum* oder gemischte Ehen
zwischen Römern und Fremden waren juridisch ungültig und be-

gründeten weder für die Kinder das Bürgerrecht, noch für den Vater die *patria potestas.*

72.

§. 14. *Fortsetzung.*

Die Bigamie war durchaus verboten, ebenso Ehen in den nächsten Verwandtschaftsgraden, z. B. zwischen Geschwistern, sogar Stief- und Adoptivgeschwistern. Der Verheiratung ging gewöhnlich das Verlöbniss (*sponsalia;* die Verlobte *sponsa, pacta*) voran, welches nicht fest band, sondern wieder aufzulösen war. Bei der Verheiratung pflegten die Eltern oder nächsten Verwandten der Jungfrau eine Mitgift (*dos*) zu geben, worüber eigene gesetzliche Vorschriften existirten.

Die Ehe konnte aufgehoben werden, entweder wenn der eine Theil eine *capitis deminutio maxima* oder *media* erlitt (wie durch Gefangenschaft und Exil), oder durch Scheidung (*repudium,* eigentlich einseitig vom Manne und von der Frau und häufig von der Aufhebung des Verlöbnisses, *repudium remittere* oder *renuntiare, nuntium remittere, divortium, discidium,* letztere Ausdrücke bei gegenseitiger Uebereinkunft beider Gatten).

Die Confarreations-Ehen wurden durch einen förmlichen Diffarreationsact aufgehoben. Ehescheidungen waren in der älteren Zeit sehr selten. Späterhin wurden sie viel häufiger, und namentlich wurden die freieren Ehen in den späteren Zeiten ohne alle Formalitäten aufgehoben. Die Heiligkeit der Ehe wurde durch die Censoren geschützt, welche sogar unverheiratete Personen mit höheren Abgaben belegten. Unter August wurde, um der überhand nehmenden Ehelosigkeit Einhalt zu thun, die *lex Julia et Papia Poppaea* über Ehen und Strafe des Cölibats gegeben, n. C.

73.

§. 15. *Die väterliche Gewalt.*

Auf der altrömischen Ehe beruhte die *patria potestas,* die, selbst im Adoptions- und Arrogationsverhältniss, sehr ausgedehnt war. Der Arrogation, welche in den Curiatcomitien unter dem Vorsitz des *pontifex maximus* geschah, bediente man sich bei selbstständigen Personen. Durch die Adoption gingen unselbstständige und minderjährige Personen in eine fremde Gewalt über; sie geschah vor einem Magistratus durch einen dreifachen Mancipationsact. Auch finden wir eine uneigentliche Adoption durch Testament oder Einsetzung zum Erben unter Annahme des Namens des Testators. Der Vater konnte seine neugeborenen Kinder wegen bedeutender Leibesfehler aussetzen und tödten; die älteren und erwachsenen Kinder durfte er verkaufen, geisseln, tödten und enterben. Dieses Recht, welches äusserst selten zur Ausübung kam, wurde erst unter den Kaisern beschränkt, und von Constantin dem Grossen aufgehoben. Alles, was der Sohn *in patria potestate* erwarb, gehörte dem Vater an, der auch eine von den Kindern contrahirte Schuld nicht zu bezahlen brauchte. Doch gestand der Vater bisweilen seinem Sohne ein Privateigenthum (*peculium*) zu, welches er ihm jedoch zu jeder Zeit wieder nehmen konnte und das er, wenn der Sohn starb, nach dem Princip der völligen Vermögenseinheit erbte. Die väterliche Gewalt wurde aufgehoben durch den Verlust der Civität auf Vaters oder Sohnes Seite, durch Arrogation auf Vaters, und Adoption auf Sohnes Seite, oder durch Verheirathung der Tochter nach den strengeren Formen, endlich durch Emancipation, die unter einem dreifachen Mancipations- und Manumissionsact geschah.

### §. 16. *Agnation.*

74.

In juristischer Hinsicht unterscheidet man zwischen 1. *agnatio*, d. i. die civilrechtliche Verwandtschaft, welche solche Blutsverwandte umfasst, deren Familienverhältniss auf Personen männlichen Geschlechts beruht, z. B. Söhne von einem Vater, oder Vettern, deren Väter Brüder sind. Die Agnaten haben das Erbrecht und die Tutel über minderjährige Agnaten; 2. *cognatio*, d. i. die natürliche Verwandtschaft auf gemeinsame Abstammung begründet, die also auch Statt findet zwischen *peregrini, capite deminuti* und Blutsverwandten, die von Personen weiblichen Geschlechts abstammen, z. B. zwischen Mutterbruder und Schwestertochter. Durch Verheirathung hingegen entsteht die *affinitas* oder Schwägerschaft. Diese beiden letzteren Verwandtschaftsverhältnisse hatten in der älteren Zeit weniger juristische Bedeutung als die *agnatio*, doch wurde späterhin im prätorischen Recht mehr Rücksicht auf sie genommen, so dass selbst Erbrecht und Tutel durch dieselben begründet werden konnte.

### §. 17. *Gentilität.*

75.

Unter *gentes* wurden in der ältesten Zeit grosse auf gemeinsamer Abstammung beruhende Genossenschaften unter den patricischen Römern verstanden. Der gemeinsame Name, die *sacra gen-*

*tilicia* und die erbrechtlichen Bestimmungen sind ausreichende Merkmale des alten Familienbandes. An eine solche *gens* schlossen sich die Clienten als untergeordnete Mitglieder an. Die Patricier schrieben sich allein eine *gens* zu, obgleich sich durch Erweiterung der Familien unter den Plebeiern analoge Genossenschaften gebildet hatten. Da nachmals Verbindungen patricischer und plebeiischer Familien in einer *gens* erscheinen, so konnten zweifelhafte Fragen über das Gentilitätsrecht entstehen.

76.
## §. 18. *Vormundschaft.*

Die Vormundschaft über Unmündige oder die Leitung ihrer Vermögensangelegenheiten wurde entweder durch Testament des Vaters bestimmt, oder kam den nächsten Agnaten zu (*tutela legitima*), oder hing in Ermangelung der Letzteren von der Bestimmung des Magistratus ab. Der Vormund, welcher sich treuloser Verwaltung schuldig machte, musste nach den zwölf Tafelgesetzen das Doppelte als Strafe erlegen, und wurde zugleich einer gewissen Infamie (*turpe iudicium tutelae*) unterworfen. Auch die Vormundschaft über Weiber, also Witwen und unverheirathete Frauenzimmer (beide hiessen *viduae*), wurde entweder durch Testament des Vaters oder Gatten, oder durch eigene Wahl, wenn das Testament dieses erlaubte, oder durch die nächste Agnatenschaft, oder durch Einsetzung des Magistrats bestimmt. Doch konnten die Frauenzimmer, wenn sie volljährig waren, ihr Vermögen selbst verwalten, und bedurften nur unter gewissen Umständen der *auctoritas* eines Vormunds, vorzüglich in solchen Fällen, wo juristische Verhandlungen nach den alten strengen Formen erforderlich waren.

Für wahnsinnige, blödsinnige und verschwenderische Personen wurden bisweilen auf Verlangen der Familie *curatores* bestellt, welche alsdann die Verwaltung des Vermögens und Verantwortlichkeit hatten. Auch Minderjährige erhielten seit *lex Plaetoria* einen vom Prätor ernannten Curator.

77.
## §. 19. *Das ältere Erbrecht.*

Das alte strenge Erbrecht verlangte, dass der Testator vermögensrechtliche Persönlichkeit und vermöge des *commercium* die volle Berechtigung ein Testament zu machen (*testamenti factio*), hatte, von der alle diejenigen, die in Jemandes *potestas* oder *manus* standen, ferner die *peregrini*, die Unmündigen und die Frauen, die unter *tutela* oder *cura* standen, ausgeschlossen waren. Kein *pere-grinus* konnte zum Erben eingesetzt werden. Das Erbrecht der Frauenzimmer war durch die *lex Voconia* (169) beschränkt, welche unter andern bestimmte, dass Niemand, der auf 100.000 Asses (später Sesterzien) censirt war, ein Frauenzimmer zur Erbin ein-setzen, oder ihr durch Legat mehr als die Hälfte vermachen könne. In August's Zeit wurden die *caelibes* und *orbi* vom Erbrecht aus-geschlossen. In der ältesten Zeit werden drei Arten von Testa-mentsformen genannt: 1. das den Patriciern eigene Testa-ment in den *comitia calata*, die zu diesem Zweck zweimal jährlich gehalten wurden; 2. *in procinctu*, dessen man sich im Kriege bediente, mündlich in Gegenwart von Zeugen; 3. *per aes et libram*, durch einen Scheinverkauf an den Erben. Diese letzte Art erhielt sich am längsten. Erbe war entweder nur Einer (*heres ex asse*), oder es waren mehrere *coheredes* (z. B. *heres ex dodrante*). Bisweilen bestimmte das Testament einen *heres secundus* (*substitu-tio heredis*).

Ungültig wurde ein Testament (*testamentum rumpitur*), wenn der *testator* das *commercium* verlor, wenn er ein neues Testament machte, wenn die Erben die Erbschaft nicht antreten wollten oder konnten, und wenn nachher ein Sohn (*suus*) geboren wurde. Per-sonen, die in der Gewalt des Erblassers gestanden hatten, mussten die Erbschaft annehmen, sie mochten wollen oder nicht (*sui et necessarii*); Andere hatten die Wahl, ob sie sie annehmen wollten oder nicht (*extranei*). Die Erklärung hierüber (*cretio*) musste inner-halb eines gewissen Termins abgegeben werden, welchen man vom Todestage oder von dem Tage an rechnete, wo der Betreffende es wissen konnte (*quibus sciet poteritque*). War Jemand ohne Te-stament gestorben, so waren die Frau und Kinder (welche *in manu* und *in potestate* gewesen waren) die natürlichen Erben, in deren Er-mangelung die nächsten Agnaten, und endlich die *gentiles*. Die Erb-schaft des Freigelassenen fiel, wenn er keine natürliche Erben (*sui*) hinterliess, dem Patron zu.

§. 20. *Das prätorische Erbrecht.* 78.

Da die alte civilrechtliche Erbfolge ausser vielen Härten auch viele Unbilligkeiten enthielt, z. B. dass die *cognati* und emancipir-ten Kinder ausgeschlossen waren, so wurden diese strengen Be-stimmungen auf mancherlei Weisen durch das prätorische Recht gemildert und modificirt. Daher kam die prätorische Erbfolge auf *hereditatis* oder *bonorum possessio*, ein factisches Innehaben der Erbschaft, das durch die *usucapio* zum vollständigen Eigenthum führt. Das prätorische Testament war schriftlich, galt jedoch nicht gegen ein, selbst älteres, civilrechtliches. Der Prätor gab zuerst die *bonorum possessio contra tabulas*, indem er den nächsten, im Testament übergangenen, aber nicht für erblos erklärten, Verwandten das Erbrecht bewilligte, dann *secundum tabulas*, indem er ihnen das Erbrecht zugestand, obgleich das Testament nach dem strengen Recht ungültig war, wofern es nur schriftlich und in den gehörigen Ausdrücken abgefasst war, anfangs musste es auch mit den Siegeln von sieben Zeugen versehen sein.

## Iudicia privata.

79.
### §. 21. *Legis actiones.*

Der römische Prozess wurde öffentlich und mündlich geführt und bestand theils in der Entscheidung der juristischen Frage durch den Magistratus (*in iure*), theils in der Untersuchung des Factums durch *iudices* (*in iudicio*). Die ältesten Formen für die Rechtsverfolgung waren die *legis actiones*, d. i. gewisse, an die Gesetzesworte gebundene Formeln mit symbolischen Handlungen *). Sie galten nur für *cives*, und erforderten die persönliche Erscheinung der Parteien (*rei* bei Cicero; *actor, petitor; reus, is unde petitur*). Die geringste Abweichung von der Form zog den Verlust des Prozesses nach sich. Unter den verschiedenen Formen war die wichtigste und die, welche sich am längsten erhielt, die *legis actio sacramento*, bei welcher beide Parteien eine Geldsumme deponirten. Der Gewinnende erhielt sein Geld zurück, das des Verlierenden hingegen fiel dem *aerarium* zu. Hieran schlossen sich bei Klagen *in rem* öfters die *vindiciae*, eine symbolische Einleitungsform, bei der beide Parteien vor Gericht sich die streitige Sache dadurch zueigneten, dass sie Hand an dieselbe legten (*manus conserere*), worauf der Prätor den einstweiligen Besitz bis zur Entscheidung der Sache anordnete. Bei unbeweglichen Gütern oder Sachen, die nicht vollständig vor Gericht gebracht werden konnten, begaben

---

*) Cn. Flavius machte zuerst (304) die *fasti* und *legis actiones* bekannt, die früher von den Pontifices als Geheimnisse bewahrt worden waren, und öffnete so den Plebeiern den Zugang zum *ius civile*.

sich die Parteien mit dem Prätor entweder selbst dorthin (*ex iure manum consertum vocare aliquem*), oder ein einzelner Theil der Sache, wie z. B. ein Schaf von einer Heerde, eine *gleba* von einem Acker, wurde vor Gericht gebracht.

## §. 22. *Formulae actionum.* 80.

Späterhin wurden nach und nach die alten *legis actiones* aufgehoben, und nur die *legis actio sacramento* in einzelnen Fällen, namentlich als Einleitungsform zur Prozessverhandlung vor dem Centumviralgericht, beibehalten. Hiermit fielen also die symbolischen Handlungen weg, und an deren Stelle trat eine Reihe neuer Klagformen (*actiones*), die in das Edict aufgenommen wurden, und von denen eine bei jedem Prozesse in Anwendung kam. Diese freieren Formen wurden oft mit der älteren Einrichtung durch juristische Fictionen in Verbindung gebracht, wobei man annahm, dass das Statt finde, was in der Wirklichkeit nicht der Fall war, und wodurch also selbst das nicht streng civilrechtliche Eigenthum geschützt werden, und Personen (z. B. *peregrini*) das Actionsrecht erhalten konnten, welche es nach den strengen Formen nicht besassen. Dem Kläger lag es ob, diejenige *actio* zu wählen, die zur Beschaffenheit des Prozesses passte. Ein Formfehler in dieser Hinsicht zog den Verlust des Prozesses (*cadere causa, litem perdere*), oder Abweisung nach sich, wesshalb auch juristische Rathserholung über diesen Punkt nothwendig war. Ging z. B. die Klage auf ein *certum*, so wurde die Sache abgewiesen, wenn der *actor* zu viel verlangte (*plus petere*). Wurde die Klage nicht abgewiesen, so erhielt der Kläger von dem Prätor eine *formula* oder schriftliche Ernennung eines Richters nebst Darstellung des Factums und Vorschrift zur Verurtheilung unter Voraussetzung des Factums, dessen nähere Untersuchung ihm überlassen wurde. Klage und Urtheil gingen bei jeder *actio*, nach welcher der Verklagte etwas prästiren sollte, immer auf eine Geldsumme (*pecunia certa* oder *incerta*), wenn man sich gleich um etwas ganz Anderes, z. B. um einen Sclaven, stritt. Zur Klagformel gehörten öfters auch *praescriptiones* oder *exceptiones*, d. i. gewisse bedingende Clauseln, die der Magistratus auf Verlangen der einen von beiden Parteien im Interesse der einen oder anderen hinzufügte (*postulare, dare exceptionem*), z. B. *ea res agatur, cuius rei dies fuit*, wenn mehrere Termine waren, oder in Form einer Ausnahme, z. B. *si in ea re nihil dolo malo Auli Agerii factum sit neque fiat.* Die Untersuchung des factischen Verhältnisses der Exception kam dem Richter zu.

81. §. 23. *Fortsetzung. Verhandlung in iure.*

Der Prozess begann mit der *in ius vocatio,* einer Vorladung, die in den älteren Zeiten mit einem gewissen Zwangsrecht unter gesetzlich bestimmten ceremoniellen Handlungen (*manus iniectio*) geschah. Später kamen andere Formen der Vorladung auf, besonders durch *vadimonium* oder Sicherheitsleistung des Verklagten, dass er zur bestimmten Zeit vor Gericht erscheinen wolle (*vadari aliquem, vadimonium promittere, sistere, deserere*). Wenn der Magistratus unterrichtet war, welche *actio* der Kläger verlangte (*actionem postulare*), und nöthigen Falls der Calumnieneid abgelegt war, so wurde, sofern die Sache nicht beigelegt werden konnte, ein Termin zum Erscheinen vor dem Richter bestimmt, an welchem die Einleitung des Prozesses geschah. In der Klagformel wurde ein *index* bezeichnet, den der Kläger, wie es scheint, vorschlagen, und der Beklagte als parteiisch verwerfen konnte mit der Formel: *iniquum eiero.* Bisweilen wurden mehrere Richter (*recuperatores*) bestellt. Endlich wurden die Verhandlungen *in iure* mit einer *litis contestatio* geschlossen, nach welcher die Sache zur Verhandlung *in iudicio* kommen musste. Die Verhandlungen *in iure* geschahen an den *dies fasti.*

82. §. 24. *Verhandlung in iudicio.*

Die Verhandlungen *in iudicio,* die in ausführlichen Reden (*peroratio*) bestanden, konnten in einem oder in mehreren Tagen beendigt werden. Die Beweisführung (*probatio*) geschah theils durch beeidigte Zeugen, wobei alsdann jede von den Parteien die Zeugen der Gegenpartei prüfen konnte, theils durch Urkunden (*tabulae, litterae, codices accepti et expensi*). Die Tortur wendete man nur gegen Sclaven an. Nach den alten *legis actiones* war die persönliche Gegenwart der Parteien erforderlich (*nemo alieno nomine lege agere potest*); der Formularprozess gestattete aber eine freiere Vertretung durch *cognitores,* d. i. gewisse im Beisein der Gegenpartei in gehöriger Form gewählte Bevollmächtigte, und durch *procuratores,* deren Ernennung auf eine einfachere Weise geschah. Wenn die Procedur zu Ende war, konnte der Richter das Urtheil entweder aussetzen, oder ganz von sich ablehnen (*non liquet*), oder dasselbe nach Vorschrift der Formel fällen, und dieses war dann vor der Kaiserzeit inappellabel, indem die siegende Partei eine *exceptio rei indicatae* hatte. Doch gab es einige Mittel gegen ein ungerechtes Urtheil, wie z. B. der Einspruch eines gleich oder höher stehenden Magistratus oder der Tribunen, welcher in die Jurisdiction des Magistratus hemmend eingriff. Auch kam der Umstand bisweilen zu Hülfe, dass die Prozessform verletzt war, z. B. wenn ein incompetenter Magistrat oder nicht befähigter Richter die Sache entschieden hatte. Die Wirkung des Urtheils wurde bisweilen durch eine *sponsio poenalis* oder eine Wette im Anfang des Prozesses, dass der Verlierende ausser dem eigentlichen Gegenstande des Prozesses einen Geldverlust erleiden sollte, verstärkt. Gewisse Arten von Condemnationen, z. B. im *iudicium tutelae, mandati, societatis* und *depositi*, zogen eine Art Infamie nach sich (*iudicium turpe*). Ausbleiben (*contumacia*) hatte den Verlust des Prozesses zur Folge. Gegen unnöthige oder chikanöse Klagen gab es verschiedene Mittel, wie die *condemnatio in duplum* oder das *iudicium calumniae*, welches eine Geldstrafe nach sich zog. Kam der Verurtheilte dem Urtheile nicht nach, so erfolgte auf vorher angestellte *actio iudicati* obrigkeitliche Vollstreckung, nämlich entweder Personalexecution (*manus iniectio* mit *addictio*) oder Realexecution (*missio in bona venditionis causa*). Die Verhandlungen *in iudicio* wurden durch alle *feriae* verhindert und unterbrochen.

### §. 25. *Die prätorischen Interdicta.* 83.

Eine eigene Form für den Prozess oder für die Einleitung desselben waren die prätorischen Interdicta oder vorläufigen Bestimmungen des Prätors, nach welchen er auf den Antrag der einen Partei der andern Etwas befahl oder verbot (*exhibeas, restituas, veto*), jedoch unter der Voraussetzung gewisser Facta, die Gegenstand einer rechtlichen Untersuchung (Prozess *ex interdicto*) werden konnten. Unter den Interdicten *recuperandae possessionis* war das *de vi* und *de vi armata* am wichtigsten.

### Iudicia publica.

### §. 26. *Criminalgerichte.* 84.

Die *iudicia publica* betrafen zunächst solche Handlungen, welche als gefährlich für die Freiheit und Sicherheit des Staates, oder als schädlich für die Wohlfahrt der Bürger im Allgemeinen, angesehen wurden. Ueber diese Verbrechen richteten anfänglich unter der obersten Leitung der Könige die *quaestores parricidii* und *duumviri perduellionis*, jedoch mit Berufung (*provocatio*) an das Volk (in *comitia curiata* vor Servius Tullius, *centuriata* nach demselben). Nach Vertreibung der Könige wurden alle Capitalverbrechen von den Centuriatcomitien unter dem Präsidium von Consuln und Prätoren abgeurtheilt. Die Volkstribunen aber riefen Personen, welche als Verächter der *lex sacrata* die Rechte des Volkes angegriffen hatten, vor ein Volksgericht in den *comitia tributa*, (*diem dicere*), z. B. Coriolan und Käso Quinctius. Auch über andere Vergehen richteten die *comitia tributa*, hatten aber dann bloss das Recht, eine Geldstrafe zu erkennen, so wie es mit Camillus der Fall war. Wegen mancher Mängel der Volksgerichte, übertrug man die Jurisdiction nach und nach immer mehr eigens dazu ernannten Commissarien (in *quaestiones extraordinariae*), und hieraus entstanden die sogenannten *quaestiones perpetuae* oder stehenden Gerichte, für bestimmte Arten von Verbrechen, zuerst für das *crimen repetundarum* durch *lex Calpurnia* (149). Diese wurden von den neuen vier Prätoren (*quaesitores, quaestioni praeesse*), nachher auch (nämlich von Sulla bis Caesar) von besonderen *iudices quaestionis*, welche — ohne Magistrate zu sein — den juristischen Theil der Prozesse anordneten, geleitet, während die Untersuchung des Factums den *iudices* überlassen war. Nun hörte allmälig die unmittelbare Richtergewalt des Volkes — mit Ausnahme der Perduellionsfälle — auf. Die *quaestiones perpetuae* nahmen beständig zu und dauerten selbst in der Kaiserperiode eine Zeitlang fort. Der Senat hatte in der republikanischen Zeit eigentlich keine richterliche Gewalt über die Bürger, unter den Kaisern bekam er aber die Jurisdiction über Majestätsverbrechen und Repetunden, welche dann auf den *praefectus urbi* überging; doch war der Kaiser die höchste Instanz. Ausserhalb der Stadt hatte zur Zeit der Republik die Municipalobrigkeit eine Criminaljurisdiction (jedoch nicht in wichtigeren Sachen), und in der Provinz der Statthalter.

85.    §. 27. *Form des Criminalprozesses.*

Im Volksgericht konnten nur Magistrate als *accusatores* auftreten und das Urtheil wurde nach den gewöhnlichen Comitialformen gefällt. Vor dem Tribunal des Prätor hingegen konnte jeder Bürger anklagen, und so wie es für entehrend galt, aus dem Anklagen ein Handwerk zu machen (*accusationem factitare*), so war es eine ehrenvolle Sache, bei einer einzelnen Gelegenheit als Ankläger gegen denjenigen aufzutreten, der sich am Vaterlande vergangen hatte; und hierzu forderte der Staat in gewissen Fällen sogar durch Belohnungen auf. Waren mehrere Ankläger da, so wurde durch eine vorläufige Untersuchung (*divinatio*) der Hauptankläger bestimmt, und die übrigen konnten sich dann als *subscriptores* betheiligen. Der Ankläger leitete die Sache mit einer *postulatio* vor dem Prätor ein, worauf die *delatio nominis* nach einer bestimmten Accusationsformel vorgebracht wurde. Nach abgelegtem Calumnieneid, wodurch der Ankläger sich gegen die Strafe der *calumnia* sicherte, folgte zunächst die *inscriptio* und zuletzt die *receptio nominis* durch den Magistrat. Hiermit wurde zugleich ein Termin zur Verhandlung der Sache *in iudicio* bestimmt. Die Richter wurden aus den *decuriae iudicum* genommen und beeidigt. Ihre Anzahl war verschieden (jedoch gewöhnlich über 50), und ebenso die Formen bei ihrer Wahl; doch hing diese meistens vom Loose (*sortitio*) ab, wobei zugleich die Parteien das Verwerfungsrecht übten*). Dann folgte die Verhandlung selbst (*cognitio*), die in den späteren Zeiten, wenigstens bei dem *crimen repetundarum*, gewöhnlich zwei Termine (*prima* und *secunda actio*, unter gewissen Umständen *comperendinatio*) ausfüllte. Hier wurden die Reden der Parteien gehalten, worin sie nicht nur die Gerechtigkeit ihrer Sache zu beweisen, sondern auch zugleich durch mancherlei Mittel auf das Gefühl ihrer Richter zu wirken suchten.

Als Beweismittel dienten Documente (besonders die *tabulae accepti et expensi*), Indicien und eidliche Zeugenaussagen. Die Zeugen konnten in Criminalsachen zur Abgabe eines Zeugnisses gezwungen werden (*testimonii denuntiatio*), jedoch nach der *lex Iulia* nicht gegen die nächsten Verwandten. Strenge Verhöre (*quaestiones*) wurden gegen Sclaven selbst durch die Folter (*equuleus*) unterstützt. Indess konnten in der Regel die Sclaven des Angeklagten nicht auf diese Weise gezwungen werden, gegen ihn selbst in Capitalsachen zu sprechen. Der Angeklagte und seine Verwandten erschienen in einer *vestis sordida*. Zu seiner Empfehlung dienten

---

*) Eine neue Prozessform versuchte Pompeius in Milo's Sache, doch erhielt sich diese nicht.

zum Theil *advocati*, die durch ihre blosse Anwesenheit ihre Theilnahme bewiesen, und *laudatores*, die mündlich oder noch häufiger schriftlich (*laudationes*) rühmliches Zeugniss ablegten. Man bediente sich öfters mehrerer Vertheidiger; nach dem Bürgerkriege soll die Zahl sogar auf zwölf gestiegen sein, bis die *lex Iulia* hierin Grenzen setzte. Endlich erfolgte das Urtheil (*sententia*, entweder *condemnatio* oder *absolutio*, oder Aussetzung desselben *ampliatio*). Verurtheilung und Lossprechung schrieb man nach den *leges tabellariae* auf Täfelchen (c = *condemno*, a = *absolvo*, n = *non liquet*), die in eine *urna* oder *sitella* geworfen wurden. Zur Sicherheit der Vollziehung des Urtheils diente die Caution durch *vades*. Mittel gegen ungerechte Klagen und deren Folgen waren vor dem Volksgericht die gewöhnliche Intercession der Volkstribunen oder anderer dazu Berechtigter; gegen Magistratserkenntnisse galt die Provocation an das Volk.

86. §. 28. *Verbrechen.*

Die Verbrechen, die im Allgemeinen Gegenstand criminalrechtlicher Untersuchungen wurden, waren das *crimen maiestatis* (*minuere maiestatem*), Verletzung der Würde des römischen Volkes, worüber die bekanntesten Gesetze sind die *lex Appuleia* (100), *Cornelia* (etwa 80), *Iulia; perduellionis*, Hochverrath; *repetundarum*, Erpressungen in den Provinzen. Das letztere war in den älteren Zeiten eine Privatklage, welche die *recuperatores* entschieden, wurde aber späterhin eine Criminalklage und durch mehrere gesetzliche Bestimmungen geordnet (*lex Calpurnia* 149, *lex Servilia* 105, *lex Acilia*, *lex Cornelia* 81, *lex Julia* 59). Der Prozess wurde, nachdem der Statthalter sein Amt niedergelegt hatte, in Rom geführt und Civität war nach *lex Servilia* oder *Acilia* die Belohnung des Nichtbürgers, der die Verurtheilung eines solchen Magistratus bewirkte; *peculatus*, Unterschlagung von Staatsgeldern (*lex Julia*); *ambitus*, Amtsbewerbung durch unerlaubte Mittel und Bestechungen, ein sehr allgemeines Verbrechen (*lex Cornelia Baebia* 181, *lex Cornelia Fulvia* 166, *lex Acilia Calpurnia* 67, *lex Tullia* 63, *lex Pompeia* 52, zuletzt *lex Julia* 18 u. 8); *vis*, (*vis publica* u. *privata*, *lex Pompeia* 52, *lex Julia*, *lex Plautia* 89, *lex Lutatia* 78); *parricidium*, Mord, besonders an Verwandten (*lex Cornelia de sicariis, veneficis et parricidis*); *falsum*, (*lex Cornelia* gegen Verfälschung von Testamenten und Münzen);

*sacrilegium*, Tempelraub; *plagium*, Menschenraub und Verkauf (*lex Fabia*).

§. 29. Strafen.

Die Strafen waren in der republikanischen Zeit Geld (*multa*) und Lebensstrafe. Die Lebensstrafe bestand gewöhnlich in Hinrichtung, in älterer Zeit verbunden mit Peitschung (*virgis caedi et securi percuti*). Aeltere Lebensstrafen waren die Herabstürzung vom tarpejischen Felsen (am *mons capitolinus*) und Aufhängen (*infelici arbori suspendi*). Für das *parricidium* wird das *insui in culeum et in flumen deiici* erwähnt. Lebendig begraben werden, kam nur bei den vestalischen Jungfrauen wegen *incestus* vor. Catilina's Mitverschworne wurden im Gefängniss erdrosselt. Nach dem porcischen und anderen Gesetzen konnte man sowohl der Lebens- als anderen Strafen durch ein freiwilliges *exsilium* entgehen, indem es dem Angeklagten frei stand, ehe das Urtheil gefällt war, die römische Civität dadurch aufzugeben, dass er Rom verliess und sich in einem föderirten Staat aufnehmen liess. Die Verbannung wurde durch ein Plebiscit anerkannt, welches zugleich eine *interdictio aquae et ignis* enthielt und dadurch die Rückkehr unmöglich machte. Anfangs gingen die Flüchtigen in die italischen Bundesstädte (*solum exsilii causa vertere*), späterhin, als diese das Bürgerrecht erhalten hatten, mussten sie sich weiter fort, z. B. nach Gallien oder Griechenland, begeben. Landesverweisung (*aquae et ignis interdictio*, um den damit Belegten zur Auswanderung zu zwingen) und schwere Geldstrafen (unter gewissen Umständen sogar vollkommene Confiscation oder *publicatio*) waren die gewöhnliche Folge bedeutenderer Staatsverbrechen. In der Kaiserzeit wurden die Strafen geschärft und oft höchst willkürlich angewendet. Als Todesstrafe diente damals öfters die Verurtheilung zu Thier- und Gladiatorgefechten (*ad bestias, ad ferrum*). An die Stelle der Verbannung trat die Deportation in entfernte und öde Gegenden, oder die mildere Relegation. Auch verurtheilte man zu öffentlichen Arbeiten in Berg- und Salzwerken (*ad metalla, ad salinas*), verbunden mit Sclaverei und körperlicher Züchtigung (*servitus poenae*).

Völkerrechtliche Bestimmungen.

§. 30. Verhältniss zu fremden Nationen. Gesandte.

Ein rechtliches Verhältniss zwischen Rom und einem anderen Volke setzte im Allgemeinen eine bestimmte Uebereinkunft (*foedus*) voraus. Eine solche finden wir in dem vielbestrittenen Handels-vertrag mit Karthago. Durch dergleichen Bündnisse schützte Rom seine Bürger in ihren Verhältnissen zu Ausländern. Die Verhand-lungen und Verträge zwischen Rom und fremden Staaten wurden durch Gesandte abgeschlossen, deren Person man für heilig ansah; nur mussten sie sich aller persönlichen Theilnahme am Kriege ent-halten. Wer sich gegen einen fremden Gesandten verging, wurde von den Fetialen dem feindlichen Volke ausgeliefert. Beleidigun-gen römischer Gesandten ahndete man streng.

89.

## §. 31. *Kriegserklärung und Krieg.*

Kamen von Seiten eines anderen Volkes Ungerechtigkeiten vor, so schickte man Fetialen oder Gesandte *ad res repetendas* an dasselbe, und wenn dieses fruchtlos blieb, so wurde der Krieg (*iustum piumque duellum*) nach gewissen bestimmten Formen er-klärt (Siehe von den Fetialen). Dadurch wurde das fremde Volk zu Feinden (*hostes*, anfangs *perduelles*), und hiermit entstand das Recht des Erwerbs vom Feinde, so dass dessen Eigenthum in Be-sitz genommen, die Beute für das Aerarium oder zur Vertheilung unter die Soldaten verkauft, die Götter evocirt, die Grundstücke in *ager publicus* verwandelt, die Menschen zu Sclaven gemacht und *sub corona* für das Aerarium verkauft, kurz die besiegte Nation ganz vernichtet, ihr Staat und ihre Nationalität aufgehoben werden konnte. Jedoch wurde diese Strenge keineswegs immer ange-wendet. Oft bekam das überwundene Volk die persönliche Frei-heit und einen Theil seines Eigenthums oder sogar seine Selbst-ständigkeit zurück. Empörung und Abfall besiegter Nationen be-strafte man streng. Friedensschlüsse wurden unter bestimmten Ceremonien von den Fetialen abgeschlossen, aber viel einfacher ging man einen Waffenstillstand (*induciae*) ein. Bisweilen endete der Krieg mit einer vom Feldherrn vorläufig abgeschlossenen unfeier-lichen *sponsio*, der das *foedus* nachfolgen sollte. Wenn aber der Staat die *sponsio* verwarf, so wurde der Urheber des Vertrags durch die Fetialen den Feinden ausgeliefert.

### B. Finanzwesen.

90.

### §. 1. *Staatsausgaben.*

Die römische Republik war von mehreren Ausgaben frei, die auf den meisten neueren Staaten ruhen. Sie hatte keine kostspielige Hofhaltung, keine grosse Menge hoch besoldeter Beamten. Verschiedene Gegenstände, die jetzt mit Kosten für den Staat verbunden sind, z. B. das Unterrichts- und der grösste Theil des Erziehungswesens, waren damals der Privatwirksamkeit überlassen. Die wichtigsten Ausgaben für den Staat blieben daher: Anstalten, die zum Gottesdienst in Rom gehörten, als Errichtung und Unterhaltung von Tempeln, Opfer, Festmahlzeiten, Spiele (doch wurden diese seit den Zeiten des ersten punischen Krieges zum Theil von den Aedilen selbst bestritten), und Unterhaltung der Vestalinnen; ferner öffentliche Gebäude und Anlagen in Rom, die nach Accord durch Bauunternehmer unter der Aufsicht der Censoren ausgeführt wurden; die Landstrassen in Italien, welche Ausgaben jedoch oft in der späteren Zeit von Privaten bestritten wurden; Repräsentationskosten zur Aufnahme und Absendung von Gesandtschaften, sowie Ausrüstung der Consuln und Provinzialstatthalter, Besoldung der Unterbedienten, wie der *scribae*, Unterhaltung der öffentlichen Sclaven, Kriegskosten, als Kriegsgeräthschaften, Pferde für die Reiterei, Proviant und Sold, welchen der Senat zuerst der Armee decretirt haben soll in einem Kriege gegen die Volsker (406), endlich Ankauf von Getreide bei Theuerung, welches zu geringeren Preisen verkauft wurde, und in den späteren Zeiten Kornaustheilung und Versorgung der Armen, die in Verbindung mit den Privatlargitionen eine grosse Anzahl verarmter und müssiger Menschen nach Rom *) zog, und so eine bedeutende Last für den Staat wurde.

### §. 2. *Bestreitung der Ausgaben in den ältesten Zeiten.*  91.

Zum Unterhalte der Könige und zu den Ausgaben des Gottesdienstes dienten Staatsländereien, von denen das Marsfeld einen Theil ausmachte. Zu den Kosten des Gottesdienstes finden wir auch die beigetriebenen Geldstrafen und Confiscationen verwendet. Schon in der Königszeit werden Zölle (*portoria*) und Steuern · (*tributa*) genannt, nämlich Kopfsteuer, deren Beschaffenheit wir aber nicht genauer kennen; seit Servius Tullius' Zeit wurde hingegen die Vermögenssteuer angeordnet (Liv. 1, 42), die der Angabe beim

---

*) Eine *lex frumentaria* des C. Gracchus setzte eine bestimmte Korntaxe fest. Clodius bewirkte eine Gratisaustheilung, eine Einrichtung, die trotz mehrerer Versuche, die Vertheilung zu reguliren, dennoch zu grossen Missbräuchen Anlass gab, aber auch unter den Kaisern fortdauerte.

Census entsprach. Von diesen beiden Abgaben scheint das ärmere Volk nach Vertreibung der Könige eine Zeit lang frei gewesen zu sein (Liv. 2, 9). Eine eigene Besteuerungsart in den ältesten Zeiten war die Anweisung militärischer Ausgaben, besonders für die Reiterei, auf gewisse vermögende Classen.

92. §. 3. *Abgaben der römischen Bürger und andere Staatseinnahmen während der Republik.*

Die ständige directe Abgabe römischer Bürger war die Vermögenssteuer (*tributum ex censu*), die man nach den Bedürfnissen, vorzüglich für den Krieg, gewöhnlich ein Promille einforderte, und die bisweilen zur Strafe von den Censoren bei Einzelnen willkürlich erhöht wurde (*aerarii*). Seitdem man das Tributum zur Soldzahlung verwandte, kann man es als Zwangsanleihe betrachten, denn nach glücklich beendigtem Krieg erhielten die Bürger ihr früher gezahltes Tributum zurück. Die Erhebung erfolgte tribusweise durch die Tribusvorsteher. Eine später eingeführte Abgabe war die *vicesima manumissionum* oder fünf Procent vom Werthe freigelassener Sclaven, die nach einem, vom Senate vorgeschlagenen und gegen alle Formen vom Heere im J. 357 angenommenen Gesetz erlegt werden musste. Andere Staatseinnahmen waren Muten und Confiscation des Vermögens der damit Belegten.

93. §. 4. *Ausserordentliche Einkünfte des Staates durch Kriege und Eroberungen.*

Durch Roms Eroberungen, zuerst in Italien und späterhin ausserhalb desselben, erhielt die Staatscasse allmälig bedeutende, theils ausserordentliche, theils ständige Einkünfte. Zu den ersteren gehörte die Beute aus dem eroberten Lande (*praeda*, später auch *manubiae*), die vom Quästor verkauft wurde und in die Staatskasse floss, sofern der Feldherr nicht für die Soldaten oder zur Erfüllung von Gelübden darüber disponirt hatte; hierher können wir auch den Verkauf der besiegten Einwohner rechnen, wenn sie Sclaven wurden (z. B. die Aurunker, im J. 502), ferner Contributionen und ausserordentliche Lieferungen von Seiten des überwundenen Volkes an Lebensmitteln, Kleidungsstücken, Waffen, Pferden, Schiffen und Schiffsmaterialien u. s. w. Viele römische Feldherren brachten grosse Schätze baaren Geldes oder edle Metalle ins Aerarium, z. B. der jüngere Scipio, Paulus Aemilius und Pompeius.

§. 5. *Ständige Einkünfte aus den unterworfenen Ländern und vom* 94.
*ager publicus.*

Ständige Einkünfte aus den eroberten Ländern (*vectigalia*)
waren theils die **directen Auflagen** (*tributa, stipendia*), sehr
verschieden in den verschiedenen Provinzen, nämlich Vermögenssteuer (eigentlich *stipendium,* dann auch *tributum* genannt), selten
Kopfgeld (*tributum capitis*), oder eine Grundsteuer, die als Abgabe
von den Grundstücken, die man den früheren Besitzern gleichsam
als Lehn zurückgegeben hatte (*ager redditus*) in Feldfrüchten (*de-
cumae*) erlegt wurde; theils **indirecte,** wie Ein- und Ausfuhrzoll
(*portorium*). Der letztere wurde in den älteren Zeiten auch von
Italien bezahlt (die Aufhebungen waren immer nur vorübergehend),
welches dagegen von aller Grundsteuer frei war. Zu diesen Ein-
künften gehören auch die Einnahmen von Staatsländereien (*ager
publicus*). Wenn die Römer ein Volk besiegt hatten, bemächtigten
sie sich eines Stückes, gemeiniglich eines Drittheils des Landes,
welches sie zu römischem Staatseigenthum machten, und das als
solches theils verkauft (*ager quaestorius*), theils angewiesen (durch
*assignatio*), theils zur Benutzung gegen eine gewisse Abgabe überlassen werden konnte (*ager vectigalis*). Von diesem *ager publicus*
fanden sich grosse Strecken hier und da durch ganz Italien, ein
Theil auch ausserhalb Italien; er bestand zum Theil in Weideplätzen
(*pascua*) auf grossen unangebauten Landstrichen (*saltus*), die von
*pecuarii* gegen eine Abgabe (*scriptura*) benutzt werden konnten.
In Italien finden wir in der älteren Zeit die Patricier ausschliessend
im Besitz (*possessio, usus fructus*) dieses angebauten Ackerlandes
gegen eine Abgabe, die sie aber selten bezahlten. Die unangebauten Länder, die zur einstweiligen Occupation, ebenfalls gegen
eine Abgabe, freigegeben wurden, hiessen *agri occupatorii**). Anderes einträgliches Staatseigenthum waren die Seen, die zum Fisch-
fang verpachtet wurden; Bergwerke (*metalla*) und Salzwerke (*sa-*

*) Dieser Besitz (*possessio*), den man auf Andere übertragen und vererben
konnte, führte jedoch nicht zum vollkommenen Eigenthum, sondern der Staat behielt das Recht darüber zu disponiren. Allmälig kam der *ager publicus* in den
Besitz einiger wenigen Reichen, die durch den Ankauf des geringeren Grundeigenthums ihre Besitzungen immer mehr vergrösserten (*latifundia*), und diese durch
Sclaven bearbeiten liessen, wodurch der freie Bauernstand sich sehr verminderte.
Hiergegen und gegen die höchst ungleiche Vertheilung des Vermögens Abhülfe
zu schaffen, strebten die agrarischen Gesetze, z. B. die *lex Licinia* (376—367) und
die Erneuerung derselben durch die gracchischen Gesetze.

*linae*). Der Salzhandel in Italien war sehr früh ein Staatsmonopol geworden.

95.     §. 6. *Verpachtung der Einnahme.*

Die Staatseinkünfte wurden nicht unmittelbar vom Staate erhoben, mit Ausnahme der Vermögenssteuer, sondern sie wurden von den Censoren an den Meistbietenden, gewöhnlich auf fünf Jahre von einer Censur zur anderen, verpachtet. Die Verpachtung (*vectigalia locare, redimere*) geschah öffentlich in Rom auf dem *forum sub hasta*, nachdem die Bedingungen (*tabulae, leges censoriae*) vorher öffentlich bekannt gemacht waren. Da die Pachtungen oft für Einzelne zu bedeutend waren, so bildeten sich Gesellschaften (*societates*) von *publicani*, die durch einen Repräsentanten (*manceps*) den Kauf abschlossen und die verlangte Caution stellten. Unter den Pächtern stand eine grosse Menge von Unterbedienten und Sclaven. Von dem Statthalter geschützt, sogen jene die Provinzen aus, und erwarben sich ein ungeheures Vermögen. Vornehmlich waren es die Ritter, die als die reichsten Privatleute sich auf Pachtungen einlassen konnten und durch ihre grossen Mittel Viele von sich abhängig machten, wodurch sie bedeutenden Einfluss gewannen. Die römischen Finanzbeamten, Statthalter und Senatoren waren durch ihre Stellung von der Theilnahme an öffentlichen Pachtungen ausgeschlossen.

96.     §. 7. *Aufhebung der Steuern und Abgaben der römischen Bürger.*

Die bedeutenden Einkünfte, welche durch die grossen Eroberungen in die Staatscasse flossen, machten nach und nach die Vermögenssteuer, welche die römischen Bürger bezahlten, entbehrlich; und als die Eroberung von Macedonien (168) wiederum den Schatz des Aerariums vermehrt hatte, hörte sie bis zum J. 43, unter dem Triumvirat des Antonius, Octavian und Lepidus, auf. Durch die *lex Thoria* (111) soll der bisher in Privatbesitz gewesene *ager publicus* von Abgaben befreit worden sein, und als die agrarischen Gesetze allmälig die Staatsländereien in Privateigenthum verwandelten, flossen aus Italien fast keine Einkünfte mehr in die Staatscasse, und der römische Staat existirte nun zum grossen Theil auf Kosten der Provinzen.

97.     §. 8. *Verwaltung der Finanzen und Personal.*

Von der Finanzverwaltung in der Königszeit wissen wir fast nichts. In der Republik hatte der Senat die Finanzadministration, er veranstaltete die Steuerausschreibungen, bewilligte die Summen zum öffentlichen Gebrauch, ordnete die Lieferungen für das Heer an u. s. w. Zu dem Finanzpersonal gehörten die Censoren, welche die Besteuerung regulirten, und die Aufsicht über die Verwendung vieler Summen sowie über die Verpachtung der Staatseinkünfte hatten; die Quästoren, welche die Ein- und Auszahlungen besorgten und Rechnung führten, und die *triumviri monetales*, die die Leitung des Münzwesens hatten. Der Staatsschatz hiess *aerarium* und befand sich im Tempel des Saturn auf dem Forum.

§. 9. *Die Finanzen unter den Kaisern.*  98.

August liess das *aerarium* als Staatskasse fortbestehen, und diese blieb der Form nach lange unter der Verwaltung des Senats; dagegen führte er ein Kriegs-*aerarium* und einen *fiscus*, welcher den Kronschatz und die Privatkasse des Kaisers enthielt, ein. Die Kaiser erhöhten den Sold, und gaben den Soldaten ausserordentliche Geschenke (*donativa*); sie liessen Getreide austheilen und Schauspiele dem Volke geben, führten aber auch allmälig eine Menge neuer, directer und indirecter Abgaben ein. Seit Diocletian's Zeit veränderte sich die Finanzverwaltung gänzlich, und in den darauf folgenden Zeiten vermehrten sich die Ausgaben bedeutend durch die Bildung eines kostspieligen Hofstaates, viele besoldete Beamten, grosse stehende Heere, Errichtung einer neuen Hauptstadt, und zuletzt durch Tribute an die nach und nach einbrechenden Barbaren.

*C.* Verwaltung der Angelegenheiten ausserhalb der Stadt.

§. 1. *Verwaltung Italiens.*  99.

Rom erweiterte sich durch Eroberungen; die Einwohner der eroberten Städte wurden, wie wir gesehen haben, in der ältesten Zeit theils nach Rom geführt, theils blieben sie in ihrer Heimath wohnen. Auch in diesem letzteren Falle wurden sie meistentheils in die römische Bürgerschaft aufgenommen, jedoch selten als *cives cum suffragio*, häufiger als *cives sine suffragio* ohne positive Rechte und Theilnahme an der Staatsverwaltung. Zur Leitung ihrer rechtlichen Angelegenheiten wurde diesen gewöhnlich alljährlich ein Präfect von Rom aus hingeschickt, ihre Communalangelegenheiten aber be-

sorgten sie selbst. Indess erhielten die meisten von diesen Städten
schon lange vor dem Bundesgenossenkriege nach und nach die
vollständigen Bürgerrechte, und wurden so wirkliche Bürgerge-
meinden (*municipia cum suffragio*). Die übrigen italischen Völker
(*Latini* und *Itali, socii nomenque Latinum*) kamen allmälig als *socii*
auf verschiedene Bedingungen unter das römische Reich. Sie behielten ihr eigenes Recht und ihre Verwaltung, lieferten aber Truppen
nach der Bestimmung des Senats, und verhandelten durch Gesandte
über ihre Angelegenheiten mit dem Senate, welcher die auswärtigen
Angelegenheiten leitete. In vielen Stücken nahmen sie nach und
nach das römische Recht an (*fundum fieri*), und sanken immer
mehr in den Zustand der Abhängigkeit von Rom.

100.　　　　　§. 2. *Fortsetzung. Nach der lex Iulia.*

Während und nach dem *bellum sociale* schmolzen die verschiedenen italischen Staaten zu einem Reiche zusammen; denn
sämmtliche Bundesgenossenstaaten und die latinischen Colonien
wurden durch *lex Iulia* (90) und *lex Plautia Papiria* (89) Municipien, und ihre Bürger bekamen zugleich das volle römische Bürgerrecht. In diesen Municipien wurden, ebenso wie in den älteren,
die Communalangelegenheiten und privatrechtlichen Gegenstände
von einer der römischen analogen Verwaltung, nämlich einer Volksversammlung, einem Rathe von Decurionen (*ordo decurionum, decem
primi*) und verschiedenen Magistraten, namentlich den *duumviri
iuri dicundo* oder *quattuorviri*, von denen zwei *duumviri iuri dicundo*
und zwei *aediles* waren\*), entschieden, während allgemeine Staatsangelegenheiten und wichtige Criminalsachen in Rom erledigt wurden.
Präfecturen kommen noch nach dem julischen Gesetze vor, jedoch
ohne sich in bürgerlicher Hinsicht von den Municipien wesentlich
zu unterscheiden. Durch das julische Gesetz wurde *Gallia cisalpina* nicht unter Italien mitbegriffen, aber es dauerte nicht lange,
als das Bürgerrecht auch auf das cispadanische Gallien ausgedehnt
wurde (durch *lex Pompeia* 89). Die Transpadaner erhielten zuerst
die Latinität, späterhin unter Cäsar (49) die Civität. Unter den
Kaisern bekam Italien nach und nach eine Provinzialverwaltung
durch Statthalter.

---

\*) Dergleichen Aemter wurden bisweilen von römischen Senatoren oder
deren Söhnen bekleidet, z. B. Milo war *dictator* in Lanuvium, Cicero's Sohn
*aedilis* in Arpinum.

### §. 3. *Verwaltung der Provinzen.* 101.

Als sich Roms Eroberungen über Italien hinaus auszudehnen anfingen, entstanden nothwendiger Weise andere Verwaltungsformen. Die Verhältnisse, in welche Rom zu den fremden Nationen trat, waren theils Bündnisse (*foedera*) unter höchst verschiedenen, günstigeren oder ungünstigeren Bedingungen, theils völlige Unterwerfung. Wenn die Römer ein erobertes Land als Staatseigenthum behalten wollten, so verwandelten sie es in eine Provinz (*in provinciae formam redigere*), von denen die ältesten Sicilien und Sardinien waren. Die erste Anordnung geschah durch den Feldherrn, der das Land erobert hatte, in Verbindung mit einem Ausschuss von Senatoren (gewöhnlich 10), die der Senat ihm zuschickte. Durch deren gemeinsame Thätigkeit entstand eine *lex* oder Provinzialconstitution, nach der sich die künftigen Statthalter richten mussten und in der man häufig die alten Gesetze des Landes theilweise beibehielt. Zu Statthaltern wählte das Volk anfangs eigene Prätoren, späterhin schickte man die Prätoren (*pro praetore*) hin, wenn sie ihr Jahr in Rom gedient hatten (s. §. 47). Eben dieses war nachher auch der Fall bei den Consuln (*pro consule*). Die Provinzen waren *praetoriae* (friedliche) und *consulares* (gewöhnlich mit Kriegführung), welche beide nach der Anordnung des Senats durch das Loos (*sortitio*) oder nach Uebereinkunft (*comparatio*) vertheilt wurden. Durch den jüngeren Gracchus (*lex Sempronia* 122) wurde eingeführt, dass die consularischen Provinzen vom Senat vor den Wahlcomitien bestimmt werden sollten. Ein Gesetzesvorschlag in Cicero's Zeit verordnete, dass die abtretenden Consuln und Prätoren erst nach Ablauf von fünf Jahren in eine Provinz abgehen sollten. Man verlängerte bisweilen die Statthalterschaft, doch durfte nach *lex Iulia* (59 oder 49) kein Prätor seine Provinz über ein, und kein Consul über zwei Jahre behalten. In besonderen Fällen übertrug das Volk selbst eine Provinz (wie Gallien an Caesar).

### §. 4. *Der Statthalter und seine Untergebenen.* 102.

Der Statthalter wurde vor seiner Abreise von Rom durch eine *lex curiata* mit dem *imperium* bekleidet und von dem Senat mit der nöthigen Ausrüstung versehen (*ornare provinciam*). Seine Gewalt in der Provinz war die höchste verwaltende, militärische und richtende. Zur Unterstützung bei seiner Verwaltung hatte er Legaten, deren Anzahl der Senat nach der Grösse der Provinz oder des Krieges bestimmte, und einen vom Volke gewählten Quästor, der das Finanzielle unter seiner Leitung hatte, und nach alter Sitte mit dem Statthalter in einem innigen Pietätsverhältniss, wie ein Sohn zu seinem Vater, stehen sollte. Ausser der eigentlichen prätorischen Cohorte, der Leibwache des Statthalters, pflegte er die sogenannte *cohors praetoris* oder *consulis* oder ein ansehnliches Gefolge theils von Freunden (*cohors amicorum, comites*), theils von *scribae, praecones, accensi, lictores, haruspices, interpretes* und andern Dienern zu haben.

103.        §. 5. *Fortsetzung.*

Der abgehende Statthalter musste nach dem cornelischen Gesetz 30 Tage nach Ablauf seiner Amtszeit die Provinz verlassen (*decedere provincia*), und nach seiner Ankunft in Rom über seine Provinzialverwaltung Rechnung ablegen. Oefters schickten die Provinzen Gesandte nach Rom, mit Lobsprüchen und Dankadressen für den Statthalter, was bisweilen nicht ganz freiwillig geschah. Wegen Bedrückungen konnten sich die Provinzialen an den Senat wenden, wobei ihnen ihre Patrone und Gastfreunde unter den vornehmen Römern vorzüglich zu Statten kamen. Durch die römische Gesetzgebung waren zu wiederholten Malen strenge Verordnungen gegen Erpressungen (*repetundarum*) gegeben worden. Aber dessenungeachtet fiel es den Gesandtschaften einer Provinz sehr schwer, etwas gegen die römische Amtsaristokratie auszurichten, und nicht selten mussten sie, um diesen Zweck zu erreichen, ihre Zuflucht zu Bestechungen nehmen.

104.        §. 6. *Verfassung und Verhältnisse der Provinzen.*

Die Städte behielten zwar eine Art Municipalverfassung, diese wurde jedoch zum Theil nach römischen Gesetzen eingerichtet, und der römische Statthalter konnte sich in Alles einmischen. Zur Veränderung der Sprache und des Cultus, oder überhaupt den Völkern ein römisches Gepräge zu geben, thaten die Römer durchaus keinen Schritt. Für die Vertheidigung des Landes sorgte Rom durch die in der Provinz stehenden Truppen. Ein Theil des Landes, besonders was königliche Domäne oder Staatseigenthum gewesen war, wurde *ager publicus* (s. §. 94). Sehr verschieden

waren die Abgaben der Provinzen (s. §. 94). Bei dem Verfall der
Sitten wurden die Provinzen von den römischen Bürgern, die sich
dort als Publicani und Negotiatores niederliessen, oft hart gedrückt.
Die Statthalter liessen sich überall frei halten und dehnten dieses
auf ihre Freunde und ihr starkes Gefolge aus, wodurch ihre Reisen
den Provinzialen höchst beschwerlich wurden; sie liessen sich öfters
bestechen und sahen dann den unverschämten Forderungen der
Publicani und der vielen römischen, in den Provinzen wohnenden
Wucherer durch die Finger; durch ausserordentliche Abgaben, Ge-
treidelieferungen zum Bedarf der Statthalter (*frumentum in cellam*)
oder ein Aequivalent an Geld nach einem willkürlichen Anschlag,
und Einquartierungen sogen sie die Städte aus; ja sogar für ihre
Freunde in Rom, welche Aedilen waren, erlaubten sie sich wilde
Thiere zu den Spielen, Kunstwerke, selbst Geldbeiträge unter dem
Namen freiwilliger Gaben, zu requiriren. Die Bedrückung der Provinzen war so regelmässig geworden, dass das Gegentheil als Ausnahme galt.

### §. 7. *Fortsetzung. Rechtspflege.* 105.

Zum Besten der Verwaltung und Rechtspflege bereiste der
Statthalter die Provinz, und schrieb auf eine bestimmte Zeit (gewöhnlich im Winter) und Stätte Landtage (*conventus*) zur Gerichts-
haltung aus, wo er selbst das Juristische leitete, und nach Beschaffenheit der Prozesse Provinzialen oder römische Bürger zu
Richtern bestellte. Der Name *conventus* wird auch von den römischen Bürgern gebraucht, die sich wegen Wechselgeschäfte oder
Handels mit Produkten als *negotiatores* oder *mercatores*, oder als
Staatspächter (*publicani*) in den Provinzen aufhielten (*conventus
civium Romanorum*). Auch aus diesen und aus seinem Gefolge wählte
der Statthalter die Richter. Ausser der, bei der Errichtung der
Provinz gegebenen *lex* erliess der Statthalter bei seinem Amtsantritt ein *edictum provinciale*, das viele ins Privatrecht eingreifende
Bestimmungen, in der Regel entsprechend dem Edict des römischen
*praetor peregrinus*, enthielt. Der Statthalter in der Provinz hatte
die Strafgewalt über Leben und Tod; Capitalsachen römischer
Bürger mussten jedoch natürlicher Weise in Rom entschieden werden.
Einige Jurisdiction in minder wichtigen Streitsachen zwischen Glie-
dern einer und derselben Gemeinde behielten die Provinzialcom-
munen selbst.

106.    §. 8. *Begünstigte Provinzialstädte.*

Unter den Provinzialstädten hatten verschiedene bedeutende Vorrechte. Einige waren von Anfang an dem Schein nach selbstständige Bundesstaaten (*civitates liberae et foederatae*) geblieben, andere wurden späterhin unter dem Namen von Freunden und Verbündeten für frei erklärt; einzelne hatten auch die Immunität von Abgaben und Truppeneinquartierung (*liberae et immunes*).

107.    §. 9. *Die Provinzen unter den Kaisern.*

August theilte die Provinzen ein in kaiserliche und Senats- oder Volksprovinzen, die keiner grossen Militärmacht bedurften, welche Eintheilung bis ins dritte Jahrhundert fortbestand. Die Volksprovinzen wurden von Statthaltern (Proconsuln und Proprätoren) verwaltet, während in die kaiserlichen Provinzen Legaten geschickt wurden, die auf unbestimmte Zeit gewählt waren, und späterhin gewöhnlich *praesides* hiessen. Seit Hadrian's Zeit bildete sich durch die Rescripte der Kaiser ein allgemeines Municipalrecht. Uebrigens finden wir auch in der Kaiserzeit eine grosse Verschiedenheit in den Rechten einzelner Städte. Es gab freie Städte, Städte mit dem *ius Italicum*, Colonien und Municipien. In Caracalla's Zeit erhielten alle Einwohner des römischen Reichs das Bürgerrecht, und die Peregrinität fiel dadurch momentan ganz weg, denn bald gab es wieder neue Latinen und Peregrini, wenn auch in geringerer Zahl. So verschwand nach und nach die Verschiedenheit zwischen den Einwohnern des Reiches, und es bildete sich eine allgemeine und gleichmässige Reichsorganisation, die vollständig in Diocletian's und Constantin's Zeit hervortritt, indem das ganze Reich in vier Präfecturen getheilt wurde, die unter *praefecti praetorio* standen; *praefectura Orientis, Illyrici, Italiae* und *Galliae*; zugleich wurde die Militärgewalt von der Civilverwaltung getrennt (s. §. 57).

## D. Kriegswesen.

108.    §. 1. *Das Kriegswesen unter den Königen.*

Schon von Anfang an finden wir das Kriegswesen zwar einfach, aber doch in einer bestimmten Weise geordnet und in genauer Verbindung mit der alten Volkseintheilung. In den ältesten Zeiten soll die Stärke der Armee 3000 Mann Fussvolk, wahrscheinlich 1000 aus jedem Stamme, gewesen sein. Daneben finden wir ausser den *celeres* (§. 24) drei *centuriae equitum*, eine für jede *tribus*, und mit denselben Namen wie diese (s. §. 24). Auch die folgende Volkseintheilung unter S e r v i u s T u l l i u s hatte einen militärischen Charakter. Der Reitercenturien wurden 18, und das Fussvolk, welches aus fünf Classen mit verschiedener Waffenrüstung bestand, war in *seniores* zur Vertheidigung der Stadt, und *iuniores* zum eigentlichen Kriegsdienste eingetheilt. Eigene Centurien bildeten die zur Armee gehörenden *fabri, cornicines* und *tubicines* (s. §. 22).

### §. 2. *Das spätere Kriegswesen. Soldatenaushebung. Dienstzeit.* 109.

Die Aushebung wurde lange Zeit nach der Classeneintheilung, dann nur nach den *tribus*, aus den *iuniores*, d. i. vom 17. bis zum Ende des 46. Jahres, vorgenommen.

Die Dienstzeit war für das Fussvolk zwanzig Feldzüge von einem Jahre *(stipendia)*, für die Reiterei zehn. Bis zu den Kriegen mit Hannibal wurden die Legionen jedes Jahr von neuem gebildet, seit dieser Zeit machte man allmälig den Uebergang zu stehenden Heeren. Sowohl der Reiter- als der Legionendienst war anfangs ehrenvoll, und zehn Jahre Kriegsdienst die Bedingung zur Magistratur. Die ärmsten Bürger *(proletarii* und *capite censi)* und die Freigelassenen thaten keinen Kriegsdienst, ausser in bedenklichen Zeiten und regelmässig zur See. M a r i u s im jugurthinischen Kriege war der erste, der ohne Rücksicht auf Vermögen wählte; doch wurde dieses späterhin allgemein, und seit dem Bundesgenossenkriege sehen wir auch *libertini* in den Legionen. Gegen das Ende der Republik wurden die Bürger, später sogar die Bundesgenossen von der Verpflichtung zum Kriegsdienst befreit, und unter den Kaisern bestand die Armee grossentheils aus Ausländern.

### §. 3. *Fortsetzung.* 110.

Im Anfange der Republik wurden gewöhnlich höchstens vier Legionen, zwei für jeden Consul, ausgehoben. Nachher stieg die Zahl beständig, und vergrösserte sich ausserdem durch die Bundesgenossen, deren Stärke an Fussvolk oft eben so gross, und an Reitern noch grösser war, als das römische Heer. Bei den jährlichen Aushebungen mussten auf Befehl des Consul Alle, die das zum Kriegsdienst erforderliche Alter hatten, auf dem *campus Martius* oder dem *Capitolium* erscheinen, um sich einschreiben zu lassen (*scribere exercitum, nomina dare*). Die Kriegstribunen hielten die Auswahl (*delectum habere, legere milites*). Diejenigen, welche sich dem Kriegsdienst entziehen wollten (*militiam detrectare*), wurden mit Geldstrafe oder bisweilen noch härteren Strafen, wie Verlust der Freiheit, bedroht. Obrigkeitliche Aemter oder Kränklichkeit befreiten vom Kriegsdienste (*vacatio militiae*)\*). Wenn besondere Umstände eine plötzliche Aushebung veranlassten (*subitarii milites, exercitus tumultuarius*), wurde das Recht der Befreiung eingeschränkt. Oefters stellten sich die Leute auch freiwillig zum Kriegsdienst. Nach der Einschreibung legte man den Eid ab (*sacramentum, sacramento adigere*), ohne welchen keine strenge Verpflichtung zum Dienste Statt fand. Wenn die Soldaten ihre schuldige Zeit gedient hatten (*stipendia legitima merere* oder *facere*), erhielten · sie den Abschied (*missio*). Ausgediente Soldaten (*emeriti*) wurden zuweilen veranlasst, sich wieder einschreiben zu lassen,(*evocati*). Wenn aber grössere Schaaren ausgedienter Krieger freiwillig im Dienst blieben, weil sie auf Abführung in eine Militärcolonie hofften, so hiessen sie nicht *evocati*, sondern *veterani*. In gefährlichen Zeiten, wie im zweiten punischen Kriege, wurden bisweilen junge Leute, die noch nicht das gesetzliche Alter erreicht hatten, zum Kriegsdienste genommen.

**111.**  §. 4. *Sold.*

Die römischen Legionssoldaten sollen zum ersten Male in dem Vejentischen Kriege im J. 406 Sold erhalten haben, was zuerst nur als Entschädigung für die Unterhaltskosten zu betrachten ist. Der Sold eines Legionssoldaten war zu des Polybius' Zeit täglich zwei Obolen oder $\frac{1}{3}$ Denar, d. i. $3\frac{1}{3}$ *as* nach dem alten Münzfuss, dessen man sich immer bei der Soldatenlöhnung bediente. Ein Centurio hatte das Doppelte, ein Reiter (nämlich nicht *eques equo publico*, sondern *equo privato*) das Dreifache. Hiervon zog man jedoch einen Theil für Waffen, Kleidung und Proviant ab, bis endlich der Soldat nach einem Gesetze des C. Gracchus seine Kleidung umsonst bekam. In den Bürgerkriegen wurde es Sitte, den Soldaten grössere Vortheile einzuräumen; durch Caesar bekamen sie doppelten Sold, den einige Kaiser noch erhöhten und grosse ausserordentliche Geschenke vertheilten.

─────────

\*) Ebensowenig thaten die Senatoren im Allgemeinen Kriegsdienste, ausser als Heerführer, Legaten, Tribunen, oder als Freiwillige.

Zum Reiterdienst hob man in der älteren Zeit die reichsten Bürger aus. Zur Anschaffung ihres Pferdes bekamen sie nach Servius Tullius' Anordnung 10.000 *asses*, zu dessen Unterhaltung jährlich 2000 in einer Anweisung auf die *viduae*, d. i. bemittelte Witwen und reiche unverheirathete Frauen. Auch späterhin erhielten sie das *aes equestre* zum Ankauf, und das *aes hordearium* zur Unterhaltung eines *equus publicus*. Die freiwilligen *equites* (s. oben) bekamen Sold, was M. Furius Camillus bei der Belagerung von Veji im J. 406 einführte. Als sich späterhin der Ritter von dem Reiter ausschied und einen eigenen Stand bildete, wurden die Reiter wie die Fusssoldaten ausgehoben (s. §. 109).

§. 5. *Truppeneintheilung und Waffen.*                    112.

Das Fussvolk war eingetheilt in Legionen. Die Stärke einer Legion wechselte ab von 4200 bis zu 6200 Mann und mehr; die dazu gehörige Reiterei betrug 300 bis 400 Mann oder etwas mehr. Die Hauptstärke der Armee waren die schwer bewaffneten Soldaten (*milites gravis armaturae*), die nach Livius ursprünglich wie die griechische Phalanx geordnet, späterhin aber nach Manipeln (*manipulatim*) in drei Linien getheilt waren: *hastati*, die vorderste Reihe, anfangs bewaffnet mit *hastae*, später mit *pila;* *principes* mit *pila* und *triarii* mit *hastae*, in der älteren Zeit mit *pila*, wesshalb sie damals auch *pilani* hiessen, sowie die zwei vordersten Glieder *antepilani* genannt worden waren. Später bestand die Legion aus zehn *cohortes;* eine Cohorte aus drei *manipuli*, eine Manipel aus zwei *centuriae*. Das Reitercorps war eingetheilt in zehn *turmae*, jede Turma in drei *decuriae*. Die wichtigsten Vertheidigungswaffen (*arma*) waren das *scutum* ein länglich viereckiger Schild von Holz, mit Leder überzogen, *galea* der Helm, *lorica* der Panzer, oder *thorax* die Brustschienen, *ocreae* die Beinschienen. Die Angriffswaffen (*tela*) waren *gladius* das Schwert, an der rechten Seite an einem ledernen Schulterband (*balteus*) getragen, *pila* kürzere schwere Lanzen mit langer Eisenspitze, *hastae* längere leichtere Lanzen. Die Leichtbewaffneten (*milites levis armaturae, velites*) fochten in zerstreuten Haufen, und trugen *gladius*, *hasta* und *parma*, einen leichten runden Schild. Zu den leichten Truppen gehörten auch die *funditores* Schleuderer, die *lapides missiles* oder *glandes* mit einer *funda* warfen, *sagitarii* Bogenschützen, *iaculatores* mit leichten *iacula* oder *veruta*, und andere Arten leichter Truppen.

Die Bewaffnung der Reiterei war nicht sehr wesentlich verschieden von der des Fussvolks. Auch sie hatten eine schwere und leichtere Rüstung. Das allgemeine Kriegskleid war ein kurzer Mantel *sagum* (*paludamentum*, der Feldherrnmantel von Purpur mit Verzierungen), über einer *tunica*.

113.

### §. 6. *Offiziere.*

Die höchsten Magistrate, die Könige, späterhin die Consuln, bisweilen Prätoren und Dictatoren, führten den Oberbefehl (*imperium*); unter ihnen standen mehrere *legati*, deren Anzahl von der Bestimmung des Senats abhing. Jede Legion wurde von drei, später sechs *tribuni militum* angeführt, von denen zwei abwechselnd zwei Monate hindurch das Commando hatten. Sie wurden seit dem J. 362 theils vom Feldherrn, theils vom Volke in den *comitia tributa* gewählt. Unter ihnen standen Centurionen (*centuriones, ordinum ductores*), die der Feldherr aus den tüchtigsten Soldaten wählte. Bei jeder Manipel waren zwei Centurionen, ein *prior* und ein *posterior*. Der Centurio bei der ersten Manipel der *triarii* hiess *centurio primi pili* oder *primus pilus*, und hatte den obersten Rang. Der unterste Centurio war der *decimus hastatus*, und von diesem Posten rückten die Tüchtigsten nach und nach höher hinauf, sowie die Gradation überhaupt eine ausserordentlich mannichfache und complicirte war. Unter den Centurionen standen die *optiones* oder *subcenturiones, decani* und *signiferi*. In der Provinz hatte der Statthalter den Oberbefehl. In sehr bedenklichen Zeiten wurde der Oberbefehl einem *dictator* und dessen *magister equitum* anvertraut.

114.

### §. 7. *Die Bundesgenossen.*

Die Stärke des Bundesgenossenheeres wurde jedes Jahr vom Senate decretirt, einem jeden Volke nach seiner Grösse oder nach den Bundesbedingungen sein Contingent aufgelegt, und der Sammelplatz, wo sie erscheinen sollten, bestimmt. Diese Truppen bildeten theils ein Reservecorps (*extraordinarii*), theils stellte man sie auf die Flügel (*alae*), wesshalb man die zwei den Legionen entsprechenden Hauptabtheilungen *ala dextra* und *sinistra* (jede zu 4200 Mann) nannte, das Fussvolk in Cohorten, und die Reiterei in *alae* (im e. S.) getheilt. Ihre Befehlshaber hiessen *praefectus cohortis*, den Kriegstribunen der Legionen entsprechend; doch der *praefectus alae* hatte zehn Cohorten unter sich. Sold, Kleidung und Waffen erhielten sie von ihren Staaten, die Verpflegung bestritt hingegen Rom. Bei Belohnungen und Vertheilung der Kriegsbeute wurden sie, besonders die Latiner, öfters ebenso bedacht, wie die römischen Soldaten. Nach dem julischen Gesetze (90) dienten die italischen Bundesgenossen, die in die Civität aufgenommen wurden, in den Legionen, doch blieben ihre Cohorten beisammen. Die Hülfstruppen von fremden Völkern hiessen *auxilia*. Miethtruppen finden wir das erste Mal im römischen Heere in Spanien während des zweiten punischen Krieges, später werden die Söldner immer zahlreicher.

### §. 8. *Das Heer auf dem Marsch.*    115.

Die Anordnung des Heeres auf Märschen war nach Beschaffenheit der Gegend sehr verschieden; öfters wird ein *agmen quadratum* erwähnt, ein Carré mit dem Gepäck in dessen Mitte. Die Soldaten trugen gewöhnlich ausser ihren Waffen und Geräthschaften (z. B. Schanzpfähle) Lebensmittel auf siebzehn Tage (*milites impediti*, *sarcinae*), im Ganzen etwa sechzig Pfund. Zum Transport der Zelte, des Proviants und des übrigen schweren Gepäcks (*commeatus*, *impedimenta*), brauchte man Lastthiere (*iumenta*). Die Fahnen, welche die Bewegungen des Heeres angaben (*signa conferre, inferre, referre, movere, convellere, convertere* etc.), hiessen *signa* bei den schwerbewaffneten Legionstruppen, *vexilla* oder Standarten bei der Reiterei, den Bundesgenossen und leichten Truppen. Sie wurden beim Abmarsch des Heeres aus dem *aerarium* geholt, wo man sie während des Friedens aufbewahrte. Als Legionsfahne bediente man sich einer *hasta* mit einem Thierbilde auf der Spitze; seit Marius' Zeit war dieses gewöhnlich ein silberner Adler mit ausgebreiteten Flügeln, der aber so klein war, dass ein Soldat ihn in dem Gürtel verbergen konnte. Dieser wurde sehr heilig gehalten, und es galt für eine grosse Schande, wenn eine Legion ihre *aquila* verlor. Zur Zeit der Manipularstellung hatte jede Manipel ihr *signum*, und zwar ein Thierbild, später kamen auch Signa der Cohorten auf. Der Marsch geschah gemeiniglich in gebührender Ordnung (*gradu militari incedere, signa sequi*). Kundschafter (*speculatores*) wurden ausgesendet. Der Tross eines Heeres war in den späteren Zeiten, als die Ueppigkeit auch in das Kriegsleben sich nach und nach einzuschleichen anfing, oft zahlreich und bestand aus *scribae, fabri, agasones, calones, lixae* etc.

**116.** §. 9. *Lager.*

Auf dem Marsche pflegten die Römer jede Nacht ein Lager
aufzuschlagen und zu befestigen (*castra facere, ponere*), dessen Platz
vorher ausgesucht und abgesteckt wurde (*castra metari*). Die Lager
zu längerem Aufenthalt (*castra stativa; aestiva, hiberna*) wurden
natürlich sorgfältiger befestigt, und den grossen stehenden Lagern,
die sich in der Kaiserzeit in den Provinzen vertheilt fanden, ver-
dankten einige Städte, besonders am Rhein und der Donau, ihren
Ursprung. Das Lager, welches nach den Vorschriften der Auguraldisciplin abgesteckt war, und gewöhnlich ein Viereck bildete,
umgeben von einem Graben (*fossa*) und einem Erdwall (*agger*)
mit Schanzpfählen (*valli, sudes, fustes*), hatte vier Thore: *praetoria*
dem Feinde gegenüber, *decumana* oder *quaestoria*, das hintere Thor,
und die zwei Seitenthore, *principalis dextra* und *sinistra*, an den
Enden der Hauptstrasse des Lagers. Diese breite Strasse theilte
das Lager in zwei Theile, von denen die *pars superior* zunächst
der *porta praetoria* derjenige war, worin das Hauptquartier (*praetorium*) und die Zelte der höheren Offiziere nebst der auserlesenen
Mannschaft sich befanden. Im andern Theile (*inferior*) waren die
übrigen Truppen, bis man später diese Eintheilung änderte. Die
Zelte (*tentoria*) bedeckte man im Winter mit Fellen (*sub pellibus
durare.* Liv. 5, 2). In jedem Zelte lagen gewöhnlich zehn Soldaten
mit ihrem *decanus* oder Unteroffizier (*contubernium, contubernales*).
Die Zeltreihen waren durch *viae* abgetheilt, und zwischen den Zelten
und dem Walle war ein offener Platz. Auf dem Walle und an den
Thoren wurden Wachen gehalten (*stationes, custodiae, vigiliae, ex-
cubiae*); die Legionsreiter oder Offiziere machten die Runde. Signale
wurden mit Blasinstrumenten: *tuba, cornu, buccina* bei dem Fuss-
volke, und mit dem krummen *lituus* bei der Reiterei gegeben. Im
Lager fanden alle Arten militärischer Uebungen Statt, und überhaupt war das Leben im Lager die Schule des Kriegsdienstes. Wenn
das Zeichen zum Aufbruch des Lagers gegeben wurde, so brachte
man das Gepäck zusammen (*vasa colligere*), lud es auf die Lastthiere, und trat hierauf den Marsch an.

**117.** §. 10. *Schlachten.*

In der Schlachtordnung (*acies*) standen nach Abkommen der
phalangitischen Stellung gewöhnlich die 3 Linien: *hastati, principes*

und *triarii*, in einer gewissen Entfernung von einander, aufgestellt in Manipeln, später in Cohorten. Die Oeffnung zwischen diesen (*via, intervallum*) wurde von der folgenden Reihe gedeckt, so dass sie die Form eines *quincunx* bildeten. Die Zwischenräume scheinen der Platz für die leichten Truppen gewesen zu sein. Die Legionen standen im Mittelpunct (*media acies*), die Reiterei, Bundesgenossen und Hülfstruppen auf den Flügeln (*cornua*). Jedoch fanden nach Umständen auch andere Arten der Aufstellung Statt, wie der *cuneus*, eine keilförmige Ordnung zum Angriff, der *orbis* bei plötzlichem Ueberfall oder Umzingelung brauchbar, wo die Krieger einen Kreis bildeten, den Rücken nach innen, das Gesicht nach aussen gekehrt, die *testudo*, eine dicht geschlossene, mit den Schilden ganz bedeckte Stellung, besonders bei Belagerungen. Der General wurde von einem ausgewählten Corps gefolgt (*cohors praetoria*). Vor der Schlacht stellte er die *auspicia* an, ermuthigte öfters die Soldaten durch eine Anrede, und indem er auf dem *praetorium* das *signum pugnae* aufstecken liess, gab er hierauf mit der Trompete (*classicum*) das Signal zum Gefecht, das gewöhnlich mit einem Schlachtgeschrei begann, und im Anfang oft von den leichten Truppen und mit Wurfwaffen ausgeführt, später aber mit den Schwertern fortgesetzt wurde. Wenn der Kampf aufhören sollte, so wurde zum Rückzug geblasen (*receptui canere, signum receptui dare*).

### §. 11. *Belagerung und Vertheidigung.* 118.

Die Belagerungskunst wurde von einem geringen Anfang nach und nach zu einer bedeutenden Höhe bei den Römern gebracht. Befestigte Städte nahmen sie entweder mit Sturm (*oppugnare*) oder durch Belagerung (*obsidere*) ein. Sie umringten die Stadt (*corona cingere, circumdare urbem, urbem obsidione claudere*), und im ersteren Falle näherten sie sich derselben unter einer *testudo* und rückten mit Sturmleitern (*scalae*) gegen den Wall und die Thore (*succedere portis*). Im anderen Falle umgab man die Stadt mit Fortifications-linien durch Wall und Graben (*circumvallare*), um sich sowohl gegen Ausfälle als gegen Entsatz zu sichern. Innerhalb derselben wurde ein Damm (*agger*) von Erde, Holz oder Steinen aufgeführt, der der Stadt näher gerückt wurde, um von dort die Stadt anzugreifen. Auf diesem *agger* errichtete man Thürme von mehreren Stockwerken (*contabulatae turres*), die die Stadtmauern überragten und von welchen man mit grossen Wurfmaschinen (*tormenta, ballistae, catapultae*) Steine und andere Schusswaffen oder brennende Stoffe (*falaricae, malleoli*) auf die Feinde warf. Die Thürme waren in der Regel beweglich (*turres ambulatoriae*), und wurden auf Walzen oder Rädern fortbewegt. In dem unteren Stockwerk derselben war gewöhnlich ein Mauerbrecher (*aries*), der gegen die feindliche Mauer geschwungen wurde, und in der Mitte eine Brücke, welche man gegen die Mauer niederliess, während die Soldaten mit Wurfspiessen und Schusswaffen oben standen. Zum Schutz der Belagerer dienten Feldschirme (*plutei*) und die aus hölzernen Pfählen und Weidengeflecht zusammengefügten, oben mit Häuten bedeckten und oft auf Rädern vorwärts getriebenen Hütten (*vineae*), unter welchen gewöhnlich ein *aries* arbeitete. Wo der Erdboden es erlaubte, legte man Minen (*cuniculi*) an, durch die die Belagerer die Mauern untergruben oder in die Stadt eindrangen. Die Belagerten, durch Gräben, Mauern, Brustwehren (*loricae*), Zinnen (*pinnae*) und Thürme gedeckt, stellten zu ihrem Schutze auch Schutzdächer und Hürden (*plutei* und *crates*) auf und hängten an den Mauern Wollsäcke auf. Auch machten sie öfters Ausfälle oder warfen Steine und brennende Stoffe herab, um die Belagerer zu tödten oder ihre Maschinen zu zerstören. Gegen die Minen legten sie oft Gegenminen an.

119.
### §. 12. *Militärische Belohnungen und Strafen.*

Ausser dem Antheil an der, dem Feinde abgenommenen Beute gab es gewisse besondere militärische Belohnungen der Tapferkeit. Dergleichen waren die *corona civica* von Eichenlaub für den, welcher einem Bürger das Leben gerettet hatte, *vallaris* oder *castrensis* für den, welcher zuerst in ein feindliches Lager gedrungen war, *muralis* für den, welcher zuerst die Mauer erstiegen hatte, *obsidionalis* oder *graminea* für den, welcher eine belagerte Stadt oder ein eingeschlossenes Heer befreit hatte. Eine solche erhielt z. B. der Kriegstribun P. Decius von den Soldaten im J. 343, weil er eine eingeschlossene römische Armee befreit hatte, und ausserdem vom Consul einen goldenen Kranz, 100 Ochsen und einen weissen Stier mit vergoldeten Hörnern. Andere Belohnungen waren Ehrenwaffen, wie *hasta pura, armilla, vexillum, phalerae, torques* etc. Diese Geschenke wurden vom Feldherrn im Beisein des Heeres ausgetheilt. Auch finden wir zuweilen eine Erhöhung des Proviants oder Soldes als Belohnung. Eine neue Art von Dienstbelohnung führte Sulla

dadurch ein, dass er den Veteranen Ländereien schenkte und
Militärcolonien anlegte (s. §. 26.). Militärische Strafen waren Entziehung oder Verminderung des Soldes oder Mundvorraths, Ehren-
strafen, Stockschläge bis auf den Tod, Hinrichtung mit dem Beil.
Wenn sich ein ganzes Corps der Meuterei, Feigheit und Desertion
schuldig gemacht hatte, so wendete man bisweilen die Decimation
nach dem Loose an (Liv. 2, 59).

### §. 13. *Dankfeste, Triumphe, Siegesdenkmäler.*

120.

Die grössten Belohnungen für den Feldherrn bestanden darin,
dass er vom siegreichen Heere *imperator* genannt, dass Dankfeste
(*supplicationes, gratulationes*) vom Senate beschlossen und in Rom
gehalten wurden, und namentlich im Triumphe. Der Triumph, eine
in einfacherer Form früh vorkommende Ehrenbezeigung, wurde
vom Senat zuerkannt. Die Bedingung eines *iustus triumphus* war,
dass man in einem rechtmässigen und gesetzlich erklärten Kriege
gegen auswärtige Feinde (*iusto et hostili bello*) als Oberbefehls-
haber (*suis auspiciis*) die Grenzen des Reiches erweitert und über
5000 Feinde niedergemacht hatte. Der Feldherr musste zuerst
nachweisen, dass er diese Bedingungen erfüllt habe. Alsdann ging
an dem bestimmten Tage der Zug vom *campus Martius* durch die
*porta triumphalis* auf das *Capitolium*. Die Ordnung war folgende:
Ein Musikchor, Opferthiere, Beute, Abbildungen der eroberten
Städte, die Gefangenen, Lictoren mit lorbeerumwundenen *fasces*, der
Feldherr in einer *toga picta* und *tunica palmata* und mit einer
Lorbeerkrone, auf einem prächtigen, gewöhnlich von vier weissen
Pferden gezogenen Wagen. Zuletzt kam unter Triumphgesang
die siegreiche Armee mit Lorbeer geschmückt. Auf dem Capitolium
verrichtete der Feldherr dem Juppiter ein Gebet und brachte das
feierliche Opfer. Hierauf folgten Gastmäler und andere Festlich-
keiten. Die Triumphe wurden in der späteren Zeit mit ungeheurer
Pracht gehalten (*triumphare, agere, deportare triumphum*), z. B.
von Scipio Africanus dem Aeltern, Aemilius Paullus, Sulla,
Pompeius, Cäsar. Wir finden Beispiele, dass Feldherren, die in
Rom keinen Triumph erhalten konnten, ihn auf dem albanischen
Berge zum Tempel des Juppiter Latiaris, des uralten latinischen
Schutzgottes, hielten. Unter den Kaisern war der Triumph fast
allein dem Kaiser und seiner Familie vorbehalten, und wurde oft
durch willkürliche Anwendung herabgewürdigt. Eine geringere

Art von Triumph war die *ovatio*, wobei der Feldherr zu Fuss oder zu Pferde in einer *toga praetexta* mit einem Myrthenkranze in die Stadt einzog und ein Schaf opferte. Zum Andenken an Siege errichtete man etwa seit Pompeius *tropaea*, Baumstöcke, später auch marmorne und eherne Statuen, behängt mit den Waffen der Feinde; ferner Triumphbögen und Ehrensäulen. Die überwundenen Feinde mussten zuweilen zur Beschimpfung unter einem Joche herziehen (*sub iugum mittere*. Liv. 3, 28).

121. §. 14. *Das Kriegswesen unter den Kaisern.*

Seit August's Zeit bildete sich ein stehendes Heer aus Bürgern, Provinzialen und Bundesgenossen. Unter den Kaisern wurden die Legionen fast bloss aus den Provinzen recrutirt. Der Sold wurde erhöht, und die prätorianischen Cohorten bekamen noch einmal soviel als die andern. Nach und nach kam es dahin, dass die Legionen meist aus Ausländern bestanden, die freiwillig oder gezwungen in römische Kriegsdienste traten, und so fiel zuletzt Roms Schicksal in die Hände gemietheter Barbaren.

122. §. 15. *Das Seewesen.*

In der älteren Zeit Roms finden wir zwar Aufmerksamkeit auf das Seewesen verwendet, wie auch das alte Amt der *duumviri navales* und die Bündnisse mit Carthago zeigen, aber eine eigentliche Seemacht scheinen die Römer sich erst in den punischen Kriegen gebildet zu haben, mit der der Consul C. Duilius die karthagische Flotte überwand (260). Indess blieb das Seewesen der Römer ziemlich unvollkommen, hob sich aber allmälig, besonders im Kriege gegen Antiochus und überhaupt gegen die letzte Zeit der Republik; die Kaiser aber unterhielten stehende Flotten zur Sicherung ihrer Herrschaft und zum Schutz des Handels. Die Schiffe waren theils grosse Kriegsschiffe (*naves longae*, meistens *triremes; quinqueremes*), theils leichtere Fahrzeuge (*actuariae, Liburnae*), theils Transportschiffe (*onerariae*). Die Kriegsschiffe hatten *rostra*, mit denen man die feindlichen Schiffe in den Grund zu bohren suchte. Andere Arten des Gefechts bestanden darin, die feindlichen Schiffe in Brand zu stecken oder sie vermittelst eiserner Haken (*ferreae manus, harpagones, corvi*) zu entern. Der Seedienst, weniger geachtet als der Landdienst, wurde von Bürgern der niedrigsten Classe, von Freigelassenen oder Sclaven besorgt. Die

Matrosen hiessen *nautae, remiges, socii navales*; die Mariniers oder Seesoldaten, die in den späteren Zeiten eigens dazu ausgehobene Truppen waren, *classici milites, classiarii, epibatae*. Die Bundesgenossen mussten nach Laut des foedus und nach ihren Verhältnissen Schiffe und Matrosen stellen, wie z. B. die griechischen Städte in Italien regelmässig. Der Admiral (*dux, praefectus classi*) war gewöhnlich ein Consul; sein Schiff hiess *navis praetoria*. Die einzelnen Schiffe wurden gemeiniglich von Tribunen oder Centurionen (*praefecti navium*) commandirt, unter denen die *gubernatores* und *hortatores*, Aufseher über die Ruderknechte, standen. Im Winter zog man die Schiffe ans Land und liess sie mit dem Frühjahr wieder in die See (*subducere, deducere naves*). Die Häfen waren oft stark befestigt und mit Werften (*navalia*) versehen. Es geschieht auch eines *triumphus navalis* und einer *corona navalis* Erwähnung.

## E. Religionswesen.

### §. 1. *Grundzüge des Charakters der römischen Religion.* 123.

Der Charakter der römischen Religion war tiefe Ehrfurcht für das Göttliche, dessen Natur zwar dunkel und verborgen, aber dessen Wirkungen und Einfluss auf das Schicksal des einzelnen Menschen, der Familie und des Staates eingreifend und entscheidend war. Wir finden hier weder ein System dogmatischer Satzungen über das Wesen der Gottheit, noch ein freies und lebendiges Gemälde der Phantasie vom Leben und. Wirken derselben, wir gewahren aber den ernsten und praktischen Charakter des Volkes an einer gewissen Reinheit und Strenge in den Vorstellungen von den höchsten Wesen und an einem sehr bestimmt ausgesprochenen Gefühle der Abhängigkeit des Menschen von ihnen. Dieses äussert sich.in dem Glauben, dass es für alle einzelnen Momente des Lebens von der Geburt an besondere Schutzgottheiten gäbe, sowie in einer Menge heiliger Gebräuche, die mit einer ängstlichen Genauigkeit nach offenbarten Ritualbüchern und nach Gesetz und Sitte der Vorfahren, unter bestimmten Worten und Formen, zum Theil an bestimmten Orten, beobachtet wurden; in Gebeten, Gelübden, Danksagungen, Opfern, Festen und Spielen zur Ehre der Gottheit, endlich in der Erforschung einer Menge Zeichen, in denen man eine Offenbarung der die ganze Natur erfüllenden und durchdringenden Gottheit sah, und in der An-

wendung von Sühnungen zur Abwendung dessen, was drohende
Vorbedeutungen verkündeten.

124. §. 2. *Fortsetzung. Verhältniss derselben zum Staate.*

Das Religionswesen stand in der genauesten Verbindung mit
dem Staate und entwickelte sich mit demselben. Der Gottesdienst
war theils öffentlich für das ganze Volk, theils privat für einzelne
Personen oder Familien, und das priesterliche Recht sorgte für dessen
Aufrechthaltung. Auch er war, wie die anderen Staatseinrichtungen,
ursprünglich auf die Stadt und ihr Gebiet berechnet, und die alten
Formen desselben wurden hier auch bei der Umbildung des Reiches
beibehalten.

125. §. 3. *Fortsetzung. Die religiöse Gesinnung.*

Die Römer waren tolerant gegen fremde Religionen, und strebten
nicht anderen Nationen ihre eigenen religiösen Vorstellungen und
ihren Cultus aufzudringen; jedoch suchten sie auf der anderen Seite,
sobald ihre eigene Religion eine gewisse abgeschlossene Festigkeit
erlangt hatte, dieselbe als eine Nationalangelegenheit von aller Einmischung eines fremden Cultus (*superstitio*) frei zu erhalten. Doch
konnte der Staat es zuweilen für rathsam finden, durch einen öffentlichen Beschluss die Verehrung einer fremden Gottheit seiner Religion einzuverleiben, z. B. den Cultus der grossen Mutter aus
Phrygien. Die moralische Wirkung der Religion ist die *pietas*,
d. i. Frömmigkeit in Beziehung auf die Götter und Menschen, Erfüllung der Pflichten gegen das Vaterland, gegen Eltern, Verwandte,
Freunde, selbst Fremde, besonders Gastfreunde, nebst Abscheu vor
allem Betrug, Verrath und Verletzung der Versprechungen und
Verträge *).

126. §. 4. *Fortsetzung. Religionsgeschichte.*

Die ältesten religiösen Vorstellungen und der älteste Cultus
der altitalischen Völker beruhten auf der einfachen gemeinsamen
Naturreligion des indo-germanischen Stammes, geartet nach der
ernsten Gemüthsart der Italiker. Sie scheuten sich, die Götter
zu versinnlichen und bestimmt zu individualisiren, so dass sie keine

---

*) Vom Eide machte man häufig einen juristischen Gebrauch vor Gericht.

Bilder der Götter kannten, wohl aber Symbole, wie z. B. die Lanze.
Erst durch den Verkehr mit den Etruskern und den griechischen
Städten Italiens veränderte sich das religiöse Leben und der Götter-
glaube, so dass Bilder und Tempel aufkamen, neue Göttergestalten
hinzutraten und die Götter selbst andere wurden als vorher. Aber
auch, als sich so eine gewisse feste Nationalreligion gebildet hatte,
blieben die Römer einer starken Einwirkung der griechischen Religion ausgesetzt, die zum Theil die National-Religion verdrängte
und verdunkelte, oder sich mit dieser so vermischte, dass es oft
sehr schwer ist, die in einander verschmolzenen Vorstellungen zu
sondern. Als die Römer allmälig den Einfluss der von Osten
kommenden Aufklärung fühlten, verlor sich der kindliche Glaube
an die Wahrheit der überlieferten Götterlehre und an die Wichtigkeit der Ceremonialgesetze nach und nach, zuerst bei den Auf-
geklärteren, späterhin auch beim Volke, und nun trat bei den Ersteren
eine philosophische Religion an die Stelle des positiven Glaubens,
während das Letztere sich jedem Aberglauben ägyptischen und
asiatischen Ursprungs hingab. Dennoch wurden, in Folge der tief-
gewurzelten Achtung der Römer vor den Gesetzen und Einrichtungen der Vorfahren, die religiösen Institutionen, welche in un-
zertrennlicher Verbindung mit den politischen standen, noch lange
aufrecht erhalten, nachdem schon der Glaube an dieselben verschwunden war, und es fehlte selbst in der Kaiserzeit nicht an Ver-
suchen, den ersterbenden Einfluss der Religion wieder zu beleben.

## Gottheiten*).

### §. 5. *Dii consentes.* 127.

Zu den 12 höheren Göttern oder *dii consentes* rechnet man
die in den folgenden Versen des Ennius enthaltenen:

*Juno, Vesta, Minerva, Ceres, Diana, Venus, Mars,*
*Mercurius, Jovi', Neptunus, Vulcanus, Apollo.*

Juppiter, Gott des Himmels. Der Haupttempel für ihn,
Juno und Minerva war von Tarquinius Superbus auf dem
*Capitolium* gebaut. Beinamen: *optimus maximus, Stator, Feretrius,*
*Capitolinus, Latiaris* (Fest auf dem Albanerberge, *feriae Latinae*),

---

*) Wir nennen in diesen §§ die wichtigsten von den in Rom verehrten
Gottheiten, jedoch ohne eigentliche Classification.

*Diespiter*. Ihm opferten die Consuln bei ihrem Amtsantritt, die Feldherrn, wenn sie in den Krieg zogen und aus demselben zurückkehrten, und die Sieger bei einem Triumphe. Die *Idus* waren ihm geweiht.

Juno, Königin des Himmels. Eine etruskische Juno hatte einen Tempel in Veji, und ihr Bildniss wurde nach der Zerstörung dieser Stadt nach Rom gebracht (Liv. 5, 21—22). Namen: *Regina*, *Lucina*, *Pronuba*, *Moneta*, *Sospita*. Fest: *Matronalia* am ersten März. Ihr waren die *Calendae* geweiht.

Minerva, Göttin der Erfindungen. Der Name scheint etruskisch zu sein. Das Palladium oder ihr nach einer Sage von Aeneas nach Italien gebrachtes Bildniss wurde im Tempel der Vesta sorgfältig aufbewahrt.

Vesta, Göttin des häuslichen Lebens und des Herdfeuers. Ihre Verehrung soll der Sage nach von Aeneas nach Italien gebracht und von Numa in Rom eingeführt worden sein. In ihrem runden Tempel, der mitten zwischen dem capitolinischen und palatinischen Berge auf dem *forum* stand, befand sich kein Bildniss der Göttin, dagegen aber ein ewiges Feuer, das von den vestalischen Jungfrauen unterhalten wurde.

Ceres. Vierzehn Jahre nach Vertreibung der Könige soll für Ceres, Liber und Libera in Rom ein Tempel geweiht worden sein. Fest: *Cerealia* im April mit Circusspielen. Ihre Verehrung scheint in der älteren Zeit specielle Beziehung zu der Stiftung des Ackerbaues und zu dem Stande der Plebeier gehabt zu haben.

Neptunus, Gott des Meeres. Der einzige Tempel desselben stand auf dem Marsfelde neben dem *circus Flaminius*.

Venus, Göttin des Frühlings und der Liebe, Mutter des Aeneas und Stammmutter des julischen Geschlechts, besonders verehrt seit Julius Cäsar's Zeit. *Venus Victrix* und *Genitrix*.

Mars oder Mavors, der alte italische Wald- und Kriegsgott, Vater des Romulus und Remus. *Gradivus*. Der unter Numa vom Himmel gefallene Schild (*ancile*) desselben wurde in seinem Tempel, dessen Priester die Salier waren, aufbewahrt. Als seine Schwester oder Gefährtin wird die Bellona genannt, in deren Tempel auf dem *campus Martius* der Senat Triumphe beschloss und fremden Gesandten Gehör gab.

Vulcanus, Gott des bildenden und zerstörenden Feuers, bei den Dichtern *Mulciber*. *Volcanalia* im August.

Apollo, aus Griechenland eingeführt, Heiler und Sühner bei allen Leiden des Körpers und des Geistes. Der berühmteste unter seinen Tempeln in Rom war der palatinische, errichtet von August, mit einer Bibliothek. *Ludi Apollinares*, eingeführt im zweiten punischen Kriege.

Diana, Göttin des Mondes und des freien Naturlebens in Wald und Feld. Nach Liv. 1, 45 hatte sie auf dem Aventinerberge einen von Servius Tullius geweihten Tempel gemeinschaftlich für die Römer und das Volk der Latiner. Nachmals mehrere Tempel.

### §. 6. *Die sogenannten dii selecti.*

Saturnus, Gott der Erde und der Saaten, eine der ältesten italischen Gottheiten, die mit der Kronosmythe zusammenschmolz. Aus dem Himmel vertrieben soll er nach Italien gekommen sein, wo er von Janus aufgenommen wurde, und während des goldenen Zeitalters in *Latium* herrschte. *Saturnalia* am 19. December beginnend, ein fröhliches Fest, welches besonders die Dienenden sich zu Nutze machten. Als Saturn's Gattin wird Ops genannt, die Erde.

Janus, altitalischer Sonnengott und Himmelspförtner. Bei den Römern war er der Gott des Anfangs und des Ursprungs überhaupt. Wenn erzählt wird (Liv. 1, 19), dass der Janus im Kriege geöffnet, und im Frieden geschlossen wurde, so ist dieses von einem Thore auf dem *forum* zu verstehen. Solcher Thore oder gewölbter Durchgänge (*iani*) gab es mehrere in Rom. Er wird mit zwei Köpfen (*Ianus bifrons*, *biceps*) abgebildet. Seine Festtage waren alle ersten Monatstage, aber vorzüglich der erste Januar.

Rhea oder Cybele, *mater Idaea*, *magna mater*. Auf Geheiss der sibyllinischen Bücher in Rom verehrt seit dem J. 205, wo man Gesandte an den König Attalus schickte, um das Bildniss der Göttin, einen viereckigen Stein, aus Pessinus zu holen. In Rom erhielt sie einen eigenen Tempel und ein Fest, *Megalesia*. Ihre Priester waren die *Galli*.

Bacchus, der griechische Dionysos. Der ausschweifende Bacchusdienst in Italien, *Bacchanalia*, wurde durch einen Senatsbeschluss im J. 186 verboten.

Pluto, *Dis Pater*, mit Proserpina und anderen unterirdischen Göttern. Auf dem Comitium war ein unterirdisches Gewölbe, welches man für den Eingang in die Unterwelt ansah, und das dreimal im Jahre geöffnet wurde. Diese Tage betrachtete man für unheilbringende.

Sol, der, wie bei den Griechen, öfters mit dem Apollo zusammenschmilzt, so wie Luna mit Diana.

Genius, ein schaffendes Wesen, das jeden Menschen von seiner Geburt bis zu seinem Tode begleitet, und seine Freuden und Leiden theilt. Man schwur bei seinem Genius, betete ihn an und opferte ihm Blumen, Wein und Roggen, besonders an den Saturnalien und Geburtstagen.

129.

### §. 7. *Andere göttlich verehrte Wesen.*

Terminus, der alte italische Gott der Grenzen, dessen Verehrung dem Numa zugeschrieben wird. Sein Altar war auf dem capitolinischen Berge, von wo er nach der alten Sage nicht fortgerückt werden wollte, als Tarquinius, um einen Juppitertempel anzulegen, einige kleinere Capellen exauguriren wollte (Liv. I, 55).

Consus, ein alter Gott der Erde und des Ackerbaues, nach Anderen der Gott geheimer Berathungen, zusammengeschmolzen mit dem *Neptunus equester*. Er hatte einen unterirdischen Altar, der dreimal im Jahre ausgegraben wurde. Die *Consualia* im August, Circusspiele.

Deus Fidius, mit dem alten Namen Semo oder Semo Sancus, der Gott der Verträge und Eidschwüre, der Beschützer des Völkerrechts, eine alte sabinische Gottheit. Späterhin oft verwechselt mit Hercules, dessen Dienst nach der Sage von Evander eingeführt war (Liv. I, 7).

Quirinus, vielleicht der sabinische Mars. Romulus soll nach seiner Apotheose mit diesem Namen benannt worden sein, so dass beide identificirt wurden.

Vertumnus, ein altitalischer Gott des Land- und Gartenbaues, sowie überhaupt der Abwechslungen und Veränderungen in der Natur. Seine Gattin war Pomona.

Flora, die altitalische Blumengöttin. Die *Floralia* waren sehr ausgelassen.

**Faunus**, ein guter Geist der Berge, Fluren und Triften, oft verwechselt mit **Pan** (*Lupercus*), einem arkadischen Hirtengott, der nach der Sage in Latium von Evander (*Lupercalia*) verehrt wurde. Die Gattin des **Faunus** war **Fauna**, verwechselt mit der **Ops**, **Cybele** und **Bona Dea**, deren Fest nur von Frauen im Hause des Prätor gefeiert wurde.

**Silvanus** (Liv. 2, 7), ein italischer Waldgott.

**Pales**, ein Hirtengott, dessen Fest, *Palilia* oder *Parilia* am 21. April, als Geburtstag Roms betrachtet wurde.

**Lares**, Schutzgötter des Hauses, eigentlich die verklärten und wohlthuenden Geister der Verstorbenen. Die Bildnisse der Hauslaren (*lares domestici, familiares, privati*) standen im *atrium*; an Festtagen opferte man ihnen Blumen, Wein, Roggen und Korn. Es gab auch *Lares viales, rurales, compitales* (*compitalia*, Festtag im December).

**Penates** waren Schutzgötter des gesammten Gemeindelebens, sowohl öffentlich als im Hause. Ihre Bildnisse befanden sich in den *penetralia* der Tempel und im Privatgebäude neben den Laren.

**Manes**, *dii manes*, die Seelen der Verstorbenen, die man als höhere Wesen verehrte, und denen ein jährliches Fest (*feralia*) geweiht war.

Ausserdem gab es eine Reihe geringerer Götter, herübergenommen aus der griechischen Götterwelt, z. B. *Latona, Castor* und *Pollux, Leucothea* oder *Ino* (*mater matuta*) und ihr Sohn *Palaemon* oder *Melicertes* (*Portumnus*), *Aesculapius*, der bei einer Pest auf Befehl des Orakels von Epidauros in Argolis nach Rom gebracht wurde, und einen Tempel auf der Tiberinsel erhielt (291); ferner verschiedene Gottheiten oder Personificationen, deren persönliches Wesen ganz dunkel ist, wie *Fortuna* (*virilis, muliebris, equestris*), *Victoria, Pax, Concordia, Pietas, Honos, Pallor et Pavor, Pudicitia patricia, plebeia, Dea Roma*, die sich häufig auf Münzen abgebildet findet, und die oben erwähnten Schutzgottheiten, die bei allen wesentlichen Momenten im Leben hervortreten, so z. B. als Gottheiten für die erste Kindheit *Levana, Vagitanus, Cunina, Potina, Edusa, Cuba, Ossipaga, Fabulinus* u. a. durch das ganze Leben hindurch, während Andere die äusseren Bedürfnisse des Menschen betrafen.

Leitung des Religionswesens.

**130.** §. 8. *Senat.*

Der Senat hatte die Oberaufsicht über die Aufrechthaltung, Entwicklung und politische Anwendung der Religion. In dieser Hinsicht widersetzte er sich der Einführung eines fremden Cultus, verbot die Bacchanalien, decretirte die Aufnahme neuer Götter in die Staatsreligion, verordnete Dankfeste, Spiele, Opfer, *feriae,* die Befragung der sibyllinischen Bücher etc.

**131.** §. 9. *Priestercollegien. Pontifices.*

Das ganze Religionswesen, nebst den Bestimmungen, welche die Opfertage, Tempel und deren Einkünfte u. s. w. betrafen, war in alten Büchern (*ius pontificium, commentarii pontificum*) aufgezeichnet, und die Aufrechthaltung alles dessen war dem von Numa Pompilius (Liv. 1, 20) gestifteten Collegium der *pontifices* unter einem *pontifex maximus* anvertraut. Sie waren die Aufsichtsbehörde über das ganze Religionswesen, wachten über die Beobachtung des priesterlichen Rechts und aller Ceremonien, entschieden die Rechtsfragen über alle sacralrechtliche Verhältnisse, gaben Auslegungen desselben, bestimmten nicht allein das Ceremoniel eines neuen öffentlichen und Privatgottesdienstes, sondern sorgten auch für dessen Beobachtung, verfassten die Formeln für öffentliche Gebete und Gelübde, bestimmten, wie man sich bei angezeigten *prodigia* zu verhalten habe, inaugurirten in den Curiatcomitien die gewählten Magistrate, ordneten die *fasti* sowie das gesammte Calenderwesen, hatten Einfluss auf die Bildung des Civilrechts, und konnten für Religionsvergehen selbständig eine Strafe decretiren. Ursprünglich bestand das Collegium ausser dem *pontifex maximus* aus vier, die alle Patricier waren, aber nach *lex Ogulnia* (300) kam eine gleiche Anzahl von Plebeiern hinzu. Unter Sulla stieg ihre Zahl auf fünfzehn. Unter den Kaisern war sie unbestimmt. Ihre Insignien waren die *toga praetexta* und der *pileus acutus.* Unter ihnen stand eine Anzahl *scribae* (*pontifices minores*). Der *pontifex maximus* als Präsident des Collegium der Pontifices vollzog die Beschlüsse der Gesammtheit und hatte selbständig nur die Aufsicht über den Vestadienst und die Redaction der *annales maximi* bis auf P. Mucius Scävola's Zeit (*cons.* 133). Im Jahr 252 wurde zum ersten Mal ein Plebeier *pontifex maximus.*

§. 10. *Fortsetzung.* T r i u m v i r i, *später* s e p t e m v i r i *epulones.* 132.

Diese leiteten seit dem Jahre 198 die grossen, ursprünglich zu der gottesdienstlichen Feier gehörenden Festmahlzeiten, die vorher wohl unter den *pontifices* gestanden hatten.

§. 11. *Fortsetzung.* D i e A u g u r e n. 133.

Die Auguren, eingeführt von N u m a, besassen eine durch Tradition und heilige Bücher offenbarte Wissenschaft, mittelst welcher sie aus gewissen Erscheinungen den Willen der Götter deuten konnten. Sie weiheten Magistrate, öffentliche Plätze und Gebäude zu politischem und religiösem Gebrauch ein (*templa*), und wurden bei allen wichtigen Gelegenheiten, z. B. bei den Comitien, vor Beginn eines Kriegs, bei Anlage von Colonien oder bei Ackervertheilungen überhaupt u. s. w. zu Rathe gezogen. Die Schau (*spectio*) geschah von einem competenten Magistrate gemeinschaftlich mit einem Augur, der die vorkommenden Zeichen auslegte, und dessen Einspruch (*alio die, obnuntiatio*) man respectiren musste. Das Recht, Auspicien anzustellen, hatten alle Magistrate (*auspicia habere, suis auspiciis rem gerere*), mit Ausnahme jedoch der Proconsuln und Proprätoren. Die Auspicien der höheren Obrigkeiten hatten den Vorzug vor denen der geringeren. Im Jahre 154 gaben *lex Aelia* und *Fufia* den höheren Magistraten und den Tribunen das Recht, die Comitien durch das Anstellen von Beobachtungen (*servare de coelo*) zu verhindern, und dieses Mittel wandte man öfters an, bis C l o - d i u s, wenigstens theilweise, dieses (58) abschaffte (s. §. 37). War bei den Auspicien ein Fehler vorgefallen, so konnte das Collegium durch seinen Ausspruch die geschehene Wahl (die Gewählten waren alsdann *vitio creati*) und gegebene Gesetze für ungültig erklären. Selbst nachdem der Glaube an das Auguralwesen schwächer geworden war, wurde doch dessen Form, die politisch wichtig war, beibehalten. Die Zahl der Auguren war anfangs fünf oder sechs, welche das ogulnische Gesetz auf neun erhöhte, von denen künftig fünf Plebeier sein sollten, unter S u l l a stieg sie auf fünfzehn, durch C a e s a r auf sechzehn. Die öffentlichen Auguren waren sehr angesehen und im Allgemeinen Männer von vornehmem Stande. Ausser denselben gab es verschiedene Privatauguren, gewöhnlich Marser und Sabiner, die in Familienangelegenheiten für Geld den Willen der Götter aus allerlei Zeichen verkündeten. Die wichtigsten

Augurien waren die, welche von Vögeln, vom Himmel (besonders Blitz), und die Kriegsaugurien, die vom Fressen der Hühner (*tripudium sollistimum*) hergenommen wurden. Bei den Vögeln beobachtete man sowohl ihre Laute (*oscines*), als ihren Flug (*alites, praepetes*). Die Auguren stellten sich nach Mitternacht auf einen freien Platz; nach verrichtetem Opfer und Gebet und mit verhülltem Haupte umschrieben sie mit ihrem *lituus* (Liv. 1, 18) eine gewisse Stelle am Himmel (*templum capere*) und beobachteten die Zeichen. *Templum* ist jede nach den Vorschriften der Auguraldisciplin ausgeschiedene und zu den Auspicien bestimmte Stätte, auch der Himmel selbst, der durch den *lituus* in gewisse Regionen getheilt wurde. Die meisten *aedes sacrae* in Rom waren *templa;* auch die meisten Orte, wo wichtige öffentliche Handlungen vorgenommen wurden, waren *templa*, z. B. die *curiae, rostra*.

134.   §. 12. *Fortsetzung. Priester für die sibyllinischen Bücher.*

In den sibyllinischen Büchern, die Tarquinius nach der Sage von einem Weibe (der cumäischen Sibylla) erhalten hatte, glaubte man, dass das Schicksal des Reiches aufgeschrieben stände. Sie wurden in bedenklichen Lagen zu Rathe gezogen (*adire, inspicere, consulere libros Sibyllinos*) auf Veranstaltung des Senats und des Collegium der Pontifices von eigenen Priestern, welche auch die darin vorgeschriebenen Sühnopfer verrichteten. Ihrer waren anfangs zwei, dann (367) zehn, fünf patricische und fünf plebeiische, später seit Sulla fünfzehn (*decemviri sacrorum, quindecimviri libris Sibyllinis inspiciendis* oder *sacris faciundis*). Sie hatten ausserdem als Priester des Apollo bei den jährlichen Spielen des Apollo und der Diana zu opfern und die *ludi Terentini* hauptsächlich zu besorgen. Die sibyllinischen Bücher wurden im Tempel des Juppiter aufbewahrt; als sie aber bei dem Brande des Capitoliums (83) untergingen, wurden von neuem sibyllinische Orakel gesammelt, die August im palatinischen Apollotempel niederlegte\*).

135.   §. 13. *Fortsetzung. Fetiales.*

Die Fetialen waren ein von Numa, nach Anderen von Ancus Martius eingesetztes Priestercollegium, welches den Zweck hatte,

---

\*) Ein anderes Mittel, den Willen der Götter zu erforschen, waren die *sortes sacrae*, d. i. mit Zeichen beschriebene Tafeln, die in den Tempeln der Fortuna zu *Praeneste* und *Antium* aufbewahrt und öffentlich befragt wurden (*sortes ducere*).

in Beziehung auf die Religion dasjenige zu wahren, was zur Kriegs-
erklärung und zum Friedensschluss gehörte. War ein Volk den
Römern zu nahe getreten, so wurden sie zu demselben geschickt,
um unter bestimmten Ceremonien Schadenersatz zu fordern (*res
repetere, clarigatio*). Wenn dieser nach Ablauf von 30 Tagen nicht
geleistet wurde, so erklärten sie den Krieg dadurch, dass sie eine
Lanze in das feindliche Gebiet warfen, welche Ceremonie späterhin, als man in weiterer Entfernung Krieg führte, bildlich vor dem
Tempel der Bellona verrichtet wurde. Der Fetialen bediente
man sich auch, um Frieden und Bündnisse zu schliessen und das
Opfer dabei zu verrichten (*icere, ferire foedus*. Liv. 1, 24). Der
Feldherr, welcher mit dem Feinde eine Uebereinkunft (*sponsio*)
geschlossen hatte, die Rom nicht anerkannte, wurde von den Fetialen dem Feinde ausgeliefert (s. §. 89). Ihre Anzahl war zwanzig.
Derjenige unter den Fetialen, welcher das Bündniss unter den vorgeschriebenen Ceremonien abschloss, hiess *pater patratus*. Uebrigens
war ihr Ansehen, wenigstens in den späteren Zeiten, geringer als
das der vier vorgenannten Collegien. Noch unter den Kaisern
werden Fetialen genannt.

### §. 14. *Haruspices.* 136.

Die Auguren pflegten bei öffentlichen Unternehmungen und
Handlungen aus gewissen bestimmten Zeichen zu deuten, ob etwas
geschehen solle oder nicht. Das Geschäft der *haruspices* hingegen,
die kein römisches Priestercollegium bildeten, war, aus den Ein-
geweiden wahrzusagen (*extispicia*), und sowohl die Beschwerden
der Götter (*postulata*) oder drohende Unglücksfälle, als die Sühnungs-
mittel (gewöhnlich *hostiae maiores, novendiale sacrificium* oder etwas
Aehnliches, s. Cic. in Cat. 3, 8) bei Einschlagen des Blitzes und
bei andern Erscheinungen (*prodigia, portenta, monstra, ostenta,
procurare prodigia*) anzugeben. Ihre Wissenschaft (*haruspicina*),
worüber es in Cicero's Zeit *libri haruspicini et fulgurales et rituales*
gab, hatte ihren Sitz in Etrurien, wo sie in Priesterschulen fort-
gepflanzt wurde, und von wo der Senat öfters, auf den Antrag der
Pontifices, Haruspices kommen liess. Das Ansehen der Haruspices
stieg in der späteren Zeit der Republik; einzelne zogen oft mit
dem Heere in den Krieg und mit dem Statthalter in die Provinz,
und selbst in der Kaiserzeit suchte man die etruskische Disciplin
aufrecht zu halten; sie wurde jedoch allmälig durch die Stern-

deuterei und Wahrsagekunst der Magier und Chaldäer verdrängt und in den Schatten gestellt.

137. §. 15. *Einzelne Priester.* *Rex sacrificulus,* *flamines,* *curiones.*

Der *rex sacrificulus* oder *sacrorum,* der nach Vertreibung der Könige die religiösen Geschäfte und Opfer, die jenen obgelegen hatten, verrichtete, jedoch in seinen sacralen Functionen unter dem Pontifex stand. Nur Patricier konnten diese Würde bekleiden, und jeder, der sie erhielt, musste seine anderen Aemter niederlegen.

*Flamines,* Priester für den Tempel- und Opferdienst von einzelnen Göttern, in Allem 15. Die obersten waren der *flamen Dialis,* *Martialis* und *Quirinalis,* welche immer dem Stande der Patricier angehörten. Der *flamen Dialis* unterlag einer Menge eigenthümlicher strenger Beschränkungen, ebenso dessen Frau (*flaminica*), die ihn bei gewissen Ceremonien unterstützte, und bei deren Tod er sein Amt niederlegen musste. Als die Caesaren nachmals vergöttert wurden, stieg die Anzahl der *flamines* bedeutend.

*Curiones,* Priester und geistliche Vorsteher der Curien unter einem *curio maximus,* welche Würde später auch Plebeier bekleiden konnten.

138. §. 16. *Priestervereine zum Dienste einzelner Götter.* *Vestalinnen.*

Die *virgines Vestales* waren von Numa eingesetzt, um das heilige Feuer (*ignis perpetuus,* *aeternus*) zu unterhalten und die Heiligthümer zu bewachen, die im Tempel der Vesta aufbewahrt wurden. Sie hatten wegen ihrer Heiligkeit grosse Vorrechte, als Befreiung von der väterlichen Gewalt und Tutel, einen *lictor* zur Begleitung, einen eigenen Platz in den Schauspielen, das Recht, einen verurtheilten Verbrecher zu befreien, dem sie auf ihrem Wege begegneten; sie standen jedoch unter der Aufsicht des *pontifex maximus,* der ihnen eine strenge Strafe für Vergehungen, als Erlöschenlassen des heiligen Feuers oder Bruch der Keuschheit, zuerkennen konnte. Die Strafe des Letzteren war lebendiges Begraben auf dem *campus sceleratus.* Die Anzahl der Vestalinnen war zuerst zwei, dann vier, seit Tarquinius Priscus oder Servius Tullius sechs, aus jeder alten Tribus zwei (s. §. 21). Sie trugen ein weisses Kleid und eine Stirnbinde (*infula*) mit Flechten und Bändern (*vittae*). Wenn eine Stelle erledigt wurde, suchte der *pontifex maximus* nach der *lex Papia* zwanzig Jungfrauen zwischen sechs und zehn Jahren von vornehmer Herkunft, ohne Leibesfehler und mit mehreren anderen Eigenschaften, aus, und unter diesen wurde eine durch das Loos bestimmt (*capere virginem Vestalem*). Später nahm man sie gewöhnlich nach dem Anerbieten der Eltern. Ihre Dienstzeit war dreissig Jahre, nach deren Ablauf sie sich verheirathen konnten.

§. 17. *Fortsetzung. Salii, Luperci, fratres Arvales, sodales* 139.
*Titii, Galli.*

*Salii Gradivi*, Priester des Mars, genannt *Palatini* von ihrer daselbst befindlichen curia, zwölf an der Zahl, eingesetzt von Numa, um das vom Himmel gefallene *ancile*, nebst den eilf nachgemachten aufzubewahren. Am ersten März und mehreren anderen Tagen dieses Monats zogen sie in festlichem Tanz durch die Stadt und sangen dabei das *carmen Saliare* (Liv. 1, 20). Sie waren stets Patricier.

*Salii Agonales* oder *Collini*, Priester des *Quirinus*, des *Pallor et Pavor*, ebenfalls patricisch, werden dem Tullus Hostilius zugeschrieben.

*Luperci*, Priester des Faunus, feierten im Februar die *Lupercalia*, an denen sie in Ziegenfelle gehüllt, von der Pansgrotte (*lupercal*) durch die Stadt nach dem palatinischen Berge zogen, und dem Pan Opfer brachten. Dieser Cultus wird dem Evander oder Romulus zugeschrieben (Liv. 1, 5). Caesar zu Ehren setzte der Senat die *Luperci Iulii* ein (44).

*Fratres Arvales*, 12 an der Zahl, verrichteten das jährliche grosse ländliche Reinigungsopfer (*ambarvalia* und *sacrificium Deae Diae*). Einer von ihren Gesängen in saturnischen Versen, welcher zu den ältesten Sprachdenkmälern gehört, ist noch vorhanden.

*Sodales Titii* waren zur Aufrechthaltung des Cultus des Königs Tatius und der heiligen Gebräuche der Sabiner überhaupt bestimmt. Unter Tiberius entstanden *sodales Augustales* für den Cult der gens Julia (*divus Julius, divus Augustus,* später der *Livia* und des *Claudius*) und später bei der Apotheose (s. §. 159) der folgenden Kaiser *sodales Flaviales, Hadrianales* u. s. w.

*Galli*, Priester der Rhea oder Cybele, waren phrygische Castraten, die am Feste der Cybele in lärmender Procession unter Gesang und Musik durch die Stadt zogen und Collecten sammelten.

140. §. 18. *Priesterwahl.*

Die Priestercollegien wurden durch Cooptation ergänzt. Wenn der *pontifex maximus* gestorben war, cooptirten seine Collegen einen *pontifex,* und das Volk bestimmte dann einen aus dem Collegium als *pontifex maximus.* Allein im J. 104 wurde durch *lex Domitia* verordnet, dass die Priesterwahlen von 17 durch das Loos bestimmten Tribus vorgenommen, und der Gewählte vom Collegium cooptirt werden sollte. Sulla schaffte diese Einrichtung ab, aber *lex Atia* führte sie nachher wieder ein. Späterhin eigneten sich die Kaiser das Ernennungsrecht zu. Körperliche Gebrechen schlossen von der Priesterwürde aus. Da die Priester nicht zu den *magistratus* gehörten, so war es ihnen, mit Ausnahme des *rex sacrificulus*, erlaubt, mehrere geistliche oder geistliche und weltliche Würden in sich zu vereinigen. Die Priesterämter (*sacerdotia*) blieben den Inhabern das ganze Leben hindurch.

141. §. 19. *Diener.*

Zu den untergeordneten Geschäften hatten die Priester verschiedene Diener und Gehülfen (*apparitores*), z. B. *popae, victimarii,* Opferschlächter, *aeditui,* Tempelaufseher, *pullarii, extispices, tibicines, fidicines, viatores, calatores* etc. Der *flamen Dialis* und die *virgines Vestales* hatten *lictores.* Die Knaben und Mädchen, welche dem *flamen Dialis* und der *Flaminia* dienten und bei anderen heiligen Ceremonien halfen, hiessen *camilli* und *camillae.*

C u l t u s.

142. §. 20. *Der Cultus im Allgemeinen.*

Der Cultus war entweder öffentlich (*sacra publica*) und betraf den ganzen Staat oder Theile desselben, wie Tribus oder Curien, oder Privatcultus (*sacra privata*) und betraf einzelne Personen oder *gentes*, in denen er sich erblich fortpflanzte. Von der Erforschung des Willens der Götter durch die Auspicien, Extispicien und sibyllinischen Bücher ist im Vorhergehenden geredet worden. Der übrige Cultus zeigt sich besonders in Gebeten, Gelübden, Opfern, sowie in der feierlichen Begehung von Supplicationen, Festen und Spielen zu Ehren der Götter. Aller Gottesdienst wurde auf eine bestimmte und feierliche Weise gehalten; alle störenden Eindrücke mussten ferngehalten werden. Daher waren die daran Theilnehmenden selbst rein gekleidet; man durfte keine Misstöne und Worte übler Vorbedeutung hören (nur *bona verba*, nicht *profana* oder *male ominata*), die Opferthiere mussten auserlesen sein und ohne Zwang zum Altar gehen, die Priester ohne körperliches Gebrechen sein, keine Strafe durfte an Festtagen vollzogen werden u. s. w.

§. 21. *Gebete und Gelübde.*

143.

Oeffentliche Gebete wurden von dem Magistratus nach der Anleitung des Priesters und einem von diesem mitgetheilten Formular (*praeire carmen*) hergesagt. Die öffentlichen Betfeste (*supplicationes*) waren entweder *obsecrationes*, die man anstellte, um die Gnade der Götter zu erflehen und ihren Zorn abzuwenden, oder *gratulationes*, Dankfeste. Zu nennen sind auch die grossen Festmahlzeiten, wobei die Bildnisse der Götter ausgestellt wurden (*lectisternium*, Liv. 5, 13; *ad omnia pulvinaria sacrificatum*). Mit den Gebeten verband man oft Gelübde (*vovere, vota facere, voti compos, reus, damnatus*). Wer in Gefahr gewesen war, z. B. bei einer Seefahrt, liess öfters, einem Gelübde zufolge, eine Abbildung davon (*tabula votiva*) zum Andenken an den mächtigen Beistand der Gottheit im Tempel aufhängen.

§. 22. *Opfer.*

144.

Die Opfer (*sacrificia*)*) machten den wesentlichsten Theil des Gottesdienstes aus, und gewissen Göttern opferte man bestimmte Thiere. Die Handlung geschah auf eine feierliche und ceremonielle Weise. Der Opfernde näherte sich dem Altare in weisser Tracht, worauf der Opferdiener (*popa*) das Opferthier (*victima, hostia*), welches keinen Fehler haben und noch nie im Joche gewesen sein durfte, mit Bändern (*infulae, vittae*) und Kränzen geschmückt, bisweilen mit vergoldeten Hörnern, heran führte. Der Priester befahl

---

*) *Sacrum* ist Alles, was von Menschen den Göttern geweiht ist.

den Ungeweihten sich zu entfernen (*procul este profani*), und gebot ehrfurchtsvolles Schweigen (*favete linguis*). Nachdem die Stirne des Thieres und der Altar mit Opfermehl, gemischt mit Salz (*mola salsa*, davon *immolare*), bestreut waren, schlachtete man das Thier (*mactare*), und die *extispices* besichtigten dasselbe. Die den Göttern gebührenden Opferstücke (*exta*) wurden verbrannt, und ein feierliches Opfermahl angestellt. Reinigung (*lustratio*) nannte man dasjenige Opfer, wobei man das zu Opfernde um den Gegenstand, der gereinigt werden sollte, herum führte; auch sie geschah öffentlich oder privatim (*lustratio populi* nach dem *census, urbis, agrorum*). Die römische Geschichte bietet Beispiele von Personen, die im Treffen unter bestimmten Formeln sich den Göttern weihten und hierauf den Tod suchten, um den Römern den Sieg zu verschaffen (*devotio*).

145.                §. 23. *Heilige Zeiten und Festtage.*

Die Tage waren entweder dem Gottesdienste geweiht und frei von öffentlichen Verrichtungen (*dies festi*) oder zu bürgerlichen Geschäften bestimmt (*dies profesti*)\*). Zu den *dies festi* gehören die *feriae*, welche in grosser Anzahl feierlich begangen wurden. Sie waren theils *stativae*, an bestimmten Tagen des Jahres, theils *conceptivae* wandelbare, die von einem Magistrat angezeigt wurden, z. B. die *feriae Latinae* auf dem Albanerberge, eingeführt von Tarquinius Superbus, und *imperativae* bei besonderen Veranlassungen angeordnet, z.B. das *sacrum novendiale* bei Liv. 1,31 wegen eines Steinregens. Die Festtage kennen wir aus den *fasti calendares*, die ein Verzeichniss derselben enthalten, und von denen Ovid in seinen *fasti* eine dichterische Bearbeitung für die ersten sechs Monate gegeben hat. Unter den *feriae stativae* nennen wir hier als Beispiele, die *Lupercalia* am 15. Februar, s. §. 139; die

---

\*) Von dieser Eintheilung sind zu unterscheiden die *dies fasti*, die zur Rechtspflege bestimmten Tage, entgegengesetzt den *nefasti*, an denen das *lege agere* und *cum populo agere* für *nefas* galt. *Dies intercisi* waren nach der Tageszeit abgetheilte, früh und abends *nefasti*, in der Mitte *fasti*. Eine andere Eintheilung war die in glückliche und unglückliche Tage (*infausti, atri, religiosi*), an welchen es nicht rathsam war, ein wichtiges Geschäft vorzunehmen. Dergleichen waren die Tage nach Festtagen, sowie die nach den *calendar, nonae* und *idus*, und die Tage, die durch grosse öffentliche Unglücksfälle ausgezeichnet waren, wie der *dies Alliensis*.

*Matronalia* und das Marsfest am 1. März; die *Megalesia*, das Fest der *Rhea* am 4. April; die *Parilia* am 21. April; das Fest der *Bona Dea* am 1. Mai; das Fest des *Castor* und *Pollux* mit der *transvectio equitum*, dem jährlichen feierlichen Ritteraufzuge am 15. Juli; die *Saturnalia* s. §. 128.

## §. 24. *Spiele.* 146.

Zu dem festlichen Gottesdienste gehörten auch die Spiele, die theils *stati* waren, welche zu bestimmten Zeiten gehalten wurden, z. B. die *ludi Romani, magni* oder *maximi*, gestiftet von Tarquinius Priscus, dem Juppiter, der Juno und Minerva zu Ehren, im September acht Tage hindurch im *circus maximus*, die *ludi Apollinares*; theils ausserordentliche, die bei einzelnen Gelegenheiten in Folge von Gelübden oder bei Privat-Leichenbegängnissen angestellt wurden. Die Spiele waren: *circenses, scenici* und *gladiatorii*.

Die uralten *circenses* (von *circus*, einem langen, am Ende abgerundeten Bau), wurden mit einem festlichen Aufzuge eingeleitet und bestanden in dem *cursus equester*, Wettrennen zu Pferde oder Wagen mit *bigae* oder *quadrigae* aus den *carceres* um die *metae;* den *ludi gymnici* (Faustkampf, Ringen, Wettlauf oder dem πένταθλον der Griechen, *quinquertium*, nämlich *saltus, cursus, lucta, pugillatus, discus;* der *pugna pedestris et equestris*, z. B. *Troia*, eine Waffenübung zu Pferde; in *venationes*, Thiergefechten zwischen Thieren unter einander oder zwischen Thieren und gedungenen oder verurtheilten Menschen (in der Kaiserzeit *ad bestias damnati);* in *naumachiae*, Seetreffen im *circus* oder in eigens dazu errichteten Gebäuden, in die das nöthige Wasser geleitet wurde.

Die *scenici* sollen im J. 364 eingeführt worden sein, als man zur Abwendung einer Pest ein Fest veranstaltete, wozu man Schauspieler und Tänzer aus Etrurien kommen liess (Liv. 7, 2). Man hielt sie in *theatra*, d. i. grossen halbrunden Gebäuden, deren runder Theil (*cavea*) mit Sitzreihen (*gradus, subsellia*) versehen war, während der übrige Theil die eigentliche *scena* umfasste. Die Theater waren ohne Dach (doch dienten gegen Sonne und Regen gewöhnlich ausgespannte Tücher und Decken) und aus Holz gebaut, die man nach der Benutzung abbrach, bis Pompeius das erste steinerne Theater baute (55). Die Aedilen kauften die Dramen von den

Verfassern und bezahlten die Schauspieler. Die Dramen wurden theilweise von Flöten begleitet, und die Schauspieler trugen seit Terentius gewöhnlich Masken (*personae*).

Die *gladiatorii* (*munera*) kommen zuerst bei Leichenbegängnissen vor, späterhin bei Gastmählern und als Volksbelustigung, bald auf öffentliche, bald auf Privatkosten. Sie wurden in einem Amphitheater oder runden, mit einem Kampfplatz (*arena*) in der Mitte versehenen Schauplatz, gehalten. Die Gladiatoren (gewöhnlich Sclaven, Gefangene, Verbrecher, bisweilen auch gedungene freie Menschen) bildeten *familiae*. Ein *lanista* liess sie im Fechten mit verschiedenen Waffenarten unterrichten, von welchen sie verschiedene Namen führten, wie *Samnites, retiarii, essedarii, andabatae, Galli, myrmillones, hoplomachi* u. s. w. Zuerst fochten sie mit stumpfen Waffen (*rudes, arma lusoria*), um ihre Geschicklichkeit zu zeigen (*praeludebant*), dann wurden *arma decretoria* genommen. Das Schicksal des Besiegten hing vom Volke ab (*pollicem premere, vertere, recipe ferrum*). Die Gladiatoren waren von äusserst rohen und wilden Sitten, so dass ihr Name oft als Schimpfwort diente.

147.  ### §. 25. *Heilige Oerter und Geräthschaften.*

Zum Gottesdienst waren eigene Gebäude und Oerter bestimmt, wie *templa, aedes sacrae, delubra, fana, sacella, aediculae, luci.* Zu einem Tempel gehörten wesentlich: *area, vestibulum, cella, statua* (d. h. seitdem es Abbildungen der Götter gab), *ara, altare*[*], *vasa sacra*, z. B. *thuribulum, acerra, paterae, tripodes* etc. Ein Ort, wo der Blitz eingeschlagen hatte, wurde mit einer Mauer umgeben und als heilig betrachtet (*bidental, puteal*). Zu den heiligen Gegenständen gehörten auch die *infulae* und *vittae*, Binden und Bänder, womit das Haupt des Priesters, der Altar und das Opferthier umwunden wurde, und *verbenae*, heilige Kräuter und Blätter, deren sich der Priester beim Opfern und die Fetialen bedienten. Alles, was den Göttern angehörte oder in genauer Beziehung zur Religion stand, wurde feierlich unter Opfer und Gebet eingeweiht. Die Einweihung eines Tempels (*dedicatio, consecratio*) geschah gewöhnlich durch Consuln, welche öfters diejenigen waren, die den Bau des

---

[*] *Ara* ist eigentlich jeder erhöhte Ort. Im e. S. wird *ara* gebraucht vom kleineren Altar, und *altare* von dem grösseren Opferaltar gewöhnlich vor dem Tempel.

Tempels angelobt hatten, oder durch eigens dazu gewählte Duum-
virn unter dem Beistand der Pontifices.

§. 26. Eintheilung der Zeit. 148.

In genauer Verbindung mit dem Religionswesen und den
Festtagen stand die Eintheilung der Zeit, welche daher auch der
Sorge der Pontifices anvertraut war.

Das älteste Jahr, das sogenannte Romulische, soll zehn
Monate oder Mondumläufe gehabt haben, und fing mit dem März
an. März, Mai, Juli (*Quintilis*) und October sollen 31, die übrigen
Monate 30, das ganze Jahr also 304 Tage\*) gehabt haben.

Darauf folgte Numa's Jahr (nach Anderen Tarquinius
Priscus' Jahr), ein Mondjahr, bestehend aus zwölf Monaten, von
denen der Januar und Februar die letzten waren. Dieses Jahr
von 355 Tagen war ein gebundenes Mondjahr, d. i. ein solches,
wobei auf die Sonne Rücksicht genommen wurde; denn es gab
viele Feste, die an bestimmten Tagen gefeiert wurden und zugleich in eine bestimmte Jahreszeit fallen mussten, z. B. die *Cerealia, Parilia,* an welchen der Sage nach Rom gegründet war.
Eine Uebereinstimmung des Mond- und Sonnenjahres suchte man
durch Intercalationen zu erreichen. Eine solche scheint in dem
sogenannten Decemvirjahr (450) näher bestimmt gewesen zu sein,
bei welchem man in jedem zweiten und vierten Jahre des vierjähri-
gen Schaltcyclus einen kurzen Monat von 22 oder 23 Tagen einschaltete. Dieser Monat (*mensis intercalaris*) wurde gegen das Ende des
Jahres eingeschoben, nämlich nach dem 23. oder 24. Februar, worauf
dann die fünf letzten Tage des Februars kamen. Diese geheimgehaltene
Anordnung wurde vom *pontifex maximus* aufrecht erhalten und
von demselben mehrfach, aber ohne Erfolg corrigirt, als die Fehler
dieses Verfahrens hervortraten. Der Kalender wurde immer mehr
verdorben und es entstand endlich nicht weniger durch Unwissenheit
als durch Betrug (z. B. um die Dauer von Magistraturen oder Pachtungen zu verlängern) eine grosse Verwirrung, welche Julius

---

\*) Nach Niebuhr machten sechs solcher Jahre oder 1824 Tage, die bis auf
Einen Tag fünf Sonnenjahren zu 365 Tagen entsprachen, ein grosses Jahr oder
*lustrum* aus, einen Abschnitt, nach welchem der Anfang des bürgerlichen Jahres
mit dem des Sonnenjahres zusammen fiel.

8\*

Caesar's Einrichtung des Jahres hervorrief. Zu seiner Zeit war nämlich die Zeiteintheilung in einer solchen Unordnung (so z. B. fielen 48 die Iden des Mai ein paar Monate zu früh), dass er im Jahre 46 (*annus confusionis*, ein Schaltjahr, das 445 Tage bekam) mit Hülfe des Astronomen Sosigenes eine Veränderung vorzunehmen beschloss. Er führte nun das ägyptische Sonnenjahr ein, und liess auf 3 Jahre von 365 Tagen ein viertes von 366 folgen. Den Schalttag setzte Caesar zwischen *a. d. VII et VI cal. Mart.* und nannte denselben *a. d. bissextum cal. Mart.;* aber kurz nach Caesar's Tode schlich sich wieder ein Fehler ein, indem man ein Jahr zu früh einschaltete, und dabei blieb man 36 Jahre hindurch. August berichtigte den Fehler und nannte den Sextilis August us, und den Quintilis Julius, weil Julius Caesar in diesem Monat geboren war.

Der Monat wird durch die *idus* (ursprünglich Tag des Vollmonds) in zwei ungleiche Theile getheilt, indem die *idus* im März, Mai, Juli und October auf den 15., in den übrigen Monaten auf den 13. fallen. Der achte Tag vor den *idus* hiess *nonae* (nach der römischen Sitte, bei Zeitintervallen den Tag mitzuzählen, von welchem an man rückwärts rechnet). Der erste jedes Monats heisst *calendae* (*kal.*), sogenannt von dem Berufen (*calare*) des Volkes durch die Pontifices zur *curia Calabra*, wo die Nonen verkündigt wurden. Beim Datiren zählte man bekanntlich rückwärts vom folgenden Termin an, indem man z. B. den 31. Januar nannte *pridie calendas Februarias*, den 30. *ante diem tertium calendas Februarias*, und so überall.

Die römische Woche enthielt acht Tage (*nundinae*, d. i. Neuntage, weil der Zieltag mitgezählt wurde, an welchen Tagen die Landleute, um zu kaufen und zu verkaufen in die Stadt kamen), bis mit der christlichen Religion die siebentägige Woche eingeführt wurde. Den Tag theilten die Römer in zwölf Stunden, verschieden nach der Tageslänge, und ebenso die Nacht in vier *vigiliae*, jede zu drei Nachtstunden. Um die Zeit anzugeben, bediente man sich theils der Sonnenuhren (*horologia solaria*), theils der Wasseruhren (*clepsydrae*), von denen jene zuerst um die Zeit des Krieges mit Pyrrhus (die Angaben sind verschieden), diese noch später in Rom eingeführt wurden.

## Das bürgerliche und Privatleben.

§. 1. *Familien- und häusliches Leben, Erziehung und Unterricht.* 149.

Von der Ehe, der Ehescheidung, der väterlichen Gewalt und dem Erbrecht ist im Vorhergehenden geredet worden. Die Lebensweise der Frauenzimmer, ursprünglich einfach und häuslich, artete allmälig aus, Prunkliebe und Verschwendung rissen ein, so dass zur Zeit des zweiten punischen Krieges (215) der Tribun Oppius durch ein Gesetz den Luxus der Frauen zu beschränken sich bemühte. Sie besuchten oft die öffentlichen Schauspiele in Rom, und kannten überhaupt die Eingezogenheit der griechischen Frauen nicht. Die römische Hausmutter (*matrona*) nahm von den ältesten Zeiten an eine geachtete Stellung in der Familie ein und übte auf die Erziehung der Kinder den wohlthätigsten Einfluss, denn diese wurde nicht nur in den ersten Jahren, sondern auch bei zunehmenden Jahren von der Mutter geleitet. Die Erziehung hatte eine praktische, vorzüglich politische Tendenz, darum lernten die Knaben in den älteren Zeiten die zwölf Tafelgesetze auswendig. In der späteren Zeit war der Unterricht zum Theil nach griechischem Muster eingerichtet. Die Knaben besuchten, nachdem sie die ersten Elemente entweder zu Hause unter der Aufsicht eines Pädagogus oder in Elementarschulen bei dem *ludi magister* (später *literator* und *grammatista* genannt) gelernt hatten, die Schulen der Grammatiker (*grammaticus, literatus*), wo sie die Nationaldichter und Redner lasen und Griechisch lernten. Nach Anlegung der *toga virilis*\*) suchten sie sich, öfters unter Anleitung ausgezeichneter Männer, denen sie von ihren Vätern oder Verwandten empfohlen waren, durch rhetorische Uebungen, durch aufmerksame Anwesenheit bei öffentlichen Verhandlungen, frühzeitige Theilnahme am Kriegsdienste etc. für ihren künftigen Beruf zu bilden. Auch setzten sie die körperlichen Uebungen fort, indem sie an den Spielen auf dem *campus Martius* Theil nahmen. Viele besuchten auch die griechischen Städte, besonders

---

\*) Ein feierlicher Act, der auf dem *forum* geschah, wobei die *toga praetexta* mit der *toga virilis* oder *pura* vertauscht wurde, zum Zeichen des Eintritts in das männliche Alter und des Uebergangs zu einem freieren Leben. In welchem Alter dieses geschah, ist nicht ganz gewiss. Gewöhnlich nimmt man den Schluss des 15. Jahres an. Andere glauben, dass dieses dem Gutdünken des Vaters überlassen war.

Athen, um da unter den berühmtesten Philosophen zu studiren. In der Kaiserzeit finden wir, zuerst in den italischen Städten, später sogar in den Provinzen, öffentliche Schulen und vom Staate besoldete Lehrer.

**150.**

### §. 2. *Namen.*

Von den drei Namen, welche die Römer gewöhnlich führten, bezeichnet der erste (*praenomen*) z. B. Marcus, Cajus die einzelne Person, der zweite (*nomen*), wie Tullius, Julius die *gens* derselben, der dritte (*cognomen*) z. B. Cicero, Caesar, Scipio die Familie oder *stirps* derselben, doch auch bisweilen zugleich einen näheren Familiennamen, wie Publius Cornelius Scipio Nasica. Bisweilen kam noch ein vierter Name hinzu, welcher durch berühmte Thaten, oder durch Adoption, wobei man neben dem vollständigen Namen des Adoptivvaters seinen Familiennamen mit der Endung *anus* behielt, oder durch andere Umstände veranlasst wurde, indem z. B. ein ursprünglich persönlicher Zuname bisweilen in einer Familie verblieb, wie: P. Cornelius Scipio Africanus Aemilianus *minor*, M. Porcius Cato Censorius Sapiens, P. Licinius Crassus Mucianus Dives. Die Töchter wurden mit dem Geschlechtsnamen benannt, wie Mucia, Livia, Cornelia, Tullia. Man unterschied sie durch *maior* und *minor*, oder, wenn es mehrere waren, durch die Zahl, wie *Quarta*, *Quinta* oder *Quartilla*, *Quintilla*, welches dann in der Familie ihr gewöhnlicher Name wurde.

**151.**

### §. 3. *Gewerbe.*

Wenn gleich schon frühzeitig Handel getrieben wurde, was die Anlage von *Ostia* und der Handelstractat mit den Karthagern zu beweisen scheint, so waren doch Ackerbau und Viehzucht die wichtigsten und angesehensten Gewerbe, und die Einkünfte vom Grundeigenthum (*fructus*) die wesentlichste Erwerbsquelle der Senatoren, die sich nicht mit geschäftlichen Unternehmungen befassen durften. Das Grundeigenthum war jedoch im Allgemeinen höchst ungleich vertheilt, und in den späteren Zeiten der Republik verminderte sich der freie Bauernstand, von welchem viele Pächter oder Miether (*coloni*) auf den Gütern der Reichen wurden, während andere nach Rom strömten, wo sie durch Getreideaustheilung und Bestechungen ihren Unterhalt fanden, während die Reichen das

Land grossen Theils von Sclaven bearbeiten liessen. Auch der Waarenhandel in grösserer Ausdehnung, besonders mit den Produkten der Provinzen, (*mercatura*) und Geldspeculationen (*negotiatio*) waren wichtige Gewerbe. Geldwechsel und Auszahlungen geschahen grossen Theils mit Hülfe der *argentarii* oder *mensarii*, die mit eigenen und fremden Mitteln bedeutende Wechsel- und Banquier-Geschäfte trieben. Kleinhandel, so wie Handwerke waren verachtet (*Cic. de off.* 1, 42). Mit der Masse des Reichthums, der von allen Seiten in Rom zusammenfloss, stieg die Verschwendung und der Aufwand in den späteren Zeiten der Republik zu einem hohen Grade, und zeigte sich sowohl in der Pracht und dem Luxus häuslichen Lebens, als in grossen Geld- und Getreideaustheilungen, öffentlichen Mahlzeiten und Schauspielen.

### §. 4. M ü n z e.

152.

Die ersten geprägten Münzen (*aes signatum* — im Gegensatz zu *aes rude* —, *pecunia*, *numus*) waren in Rom von Erz (*aes*); sie wurden gegossen, nicht geprägt und ursprünglich gewogen, nicht gezählt. Die Sage schreibt S e r v i u s T u l l i u s die Erfindung des Geldes zu; wahrscheinlich aber ist es zuerst unter den Decemvirn in Rom eingeführt. Die Anfertigung des Geldes stand, wie andere Finanzangelegenheiten, unter dem Senate und wurde von den Quästoren, späterhin von den *triumviri monetales* (*III viri A. A. A. F. F.*) besorgt. Die Hauptnominale war der *as*, anfangs gleichbedeutend mit *libra*, ein Pfund (ungefähr ⅔ Vereinspfund), und wurde in 12 *unciae* getheilt, deren 2 = *sextans*, 3 = *quadrans*, 4 = *triens*, 5 = *quincunx*, 6 = *semis* oder *semissis*, 7 = *septunx*, 8 = *bes*, 9 = *dodrans*, 10 = *dextans s. decunx*, 11 = *deunx* heissen. Als Münzen existirten aber von diesen Astheilen bloss *uncia*, *sextans*, *quadrans*, *triens* und *semis*.

Von grösseren Münzen gab es *decussis* = 10, *tripondius* oder *tressis* = 3 und *dupondius* = 2 *asses*. Die ältesten *asses* waren also *asses librales* (*aes grave*); späterhin erlitten sie aber verschiedene Reductionen, wodurch sie stufenweise herabsanken, bis sie zuletzt (durch *lex Papiria* 89) nur ½ *uncia* Kupfer blieben. Erst seit der Reduction des *as* auf den *sextans* wurden sämmtliche Nominale geprägt, früher, wenigstens die grösseren, nur gegossen.

Im J. 269 wurde zuerst Silber gemünzt. Silbermünzen waren der *denarius* (nach den Typen *bigatus*, *quadrigatus*, oder auch nach der Form *serratus* genannt), welcher anfangs 10, nachher 16 *asses* enthielt, (ausgenommen bei der Soldatenlöhnung, bei der der *as* stets zu $\frac{1}{10}$ Denaren berechnet wurde), der *quinarius* *) = 5, nachher = 8 *asses*; der *sestertius* = 2 $\frac{1}{2}$, nachher = 4 *asses*. Das Zeichen des sestertius war *IIS* oder *HS*. Seit Caracalla gab es noch den *argenteus Aurelianus* oder *Antoninianus*, 60 oder 64 auf ein Pfund, wahrscheinlich 2 Denaren gleich gerechnet, die ihm gegenüber *argentei minutuli* oder *argenteoli* hiessen. — Golddenarien (*aurei* = 25), Silberdenarien = 100 *HS*, in der Kaiserzeit seit Constantin *solidi* genannt, prägte man zuerst im J. 217. — Grosse Summen wurden meist nach *asses* oder *sestertii* berechnet, wobei man sich den Unterschied zwischen *sestertius* und *sestertium* **), eine Summe von 1000 *sestertii*, merken muss. Betrug die Summe 10mal 100,000 oder mehr, so brauchte man *sestertium* im *singularis*, wozu man Zahladverbien fügte und den Begriff „Hunderte‟ darunter verstand, z. B. *Bononiensi coloniae subventum est centies sestertii largitione* (*Tac. Ann.* 12, 58), d. i. mit dem Geschenk von 10,000,000 *sestertii*.

153.                          §. 5. *Maass.*

Beim Längenmaass bildet der *pes* (130, 66 Pariser Linien) die Einheit. Dieser betrug 4 *palmae* (Handbreiten), 12 *pollices* (Daumenbreiten), 16 *digiti* (Fingerbreiten), wurde aber auch als ein Ganzes (*as*) in 12 gleiche Theile (*unciae*) getheilt. *Cubitus* oder *cubitum* eine Elle, war = 1 $\frac{1}{2}$ *pes*; *gradus* = 2 $\frac{1}{2}$ *pedes*; *passus* oder Doppelschritt = 5 *pedes*; 125 *passus* machten ein *stadium* aus, 8 *stadia* (1000 *passus*) ein *miliarium*.

Das Flächenmaass war *iugerum*, ein längliches Rechteck, welches 240 Fuss in der Länge und 120 Fuss in der Breite hatte.

Das Maass für trockene und flüssige Dinge war *culeus*, der 20 *amphorae* hielt. Eine *amphora* oder *quadrantal* fasste 2 *urnae*, 8 *congii*, 48 *sextarii*. Ein *sextarius* enthielt 12 *cyathi*.

---

*) Der *victoriatus* war eigentlich = $\frac{3}{4}$ denarius, indess wurde er später dem *quinarius* gleichgestellt.

**) Eigentlich zwar der *genit. plural.* für *mille sestertium*, der aber der gewöhnlichen Erklärung nach späterhin wie ein Substantiv declinirt wurde, z. B. *bina sestertia*. Richtiger ist *sestertius* wohl als ursprüngliches Adjectiv aufzufassen, *sestertium* allerdings als genit. plur., *sestertia* aber als appositiver Beisatz des mehrentheils ausgelassenen *milia* zu betrachten.

*Amphora, urna, congius, sextarius* und *cyathus* brauchte man auch bei flüssigen Gegenständen. *Modius,* d. i. ⅓ *amphora* oder *quadrantal* diente besonders beim Getreide. 6 *modii* machten einen *medimnus.*

§. 6. Verrichtungen der Sclaven*).

154.

Die Anzahl der Sclaven war in den späteren Zeiten der Republik ausserordentlich gross, sowohl in den Häusern der Reichen, als auf den ungeheueren Landgütern (*latifundia*) derselben, die nur durch Sclaven bearbeitet wurden. Man theilte sie ein in die *familia rustica,* welche die Arbeit auf dem Lande besorgte, und *urbana,* die den Herrn in der Stadt bediente und ihn zu demselben Zweck auf das Land begleitete. Sie waren entweder *mancipia,* gekaufte, oder *vernae,* im Hause des Herrn durch *contubernium* der Sclaven geborene, und wurden in *decuriae* eingetheilt. Man benannte sie nach ihren Geschäften, von denen die wichtigsten folgende sind, in der *familia urbana*: die *procuratores,* Verwalter eines ihnen anvertrauten Theils des Hauswesens, *dispensatores,* Cassirer und Rechnungsführer, *cellarii* oder *condi promi,* Aufseher über die *cella penaria* und *vinaria, atrienses, cubicularii, ostiarii* oder *ianitores,* Aufseher über einzelne Theile des Hauses, *lecticarii,* Sänftenträger, *nomenclatores,* die die Namen der Besuchenden und auf der Strasse der Begegnenden nennen mussten (zur Zeit der Republik machten sie die Amtsbewerber *in prensando* mit den Namen der geringeren Bürger bekannt), *pedissequi,* Begleiter bei dem Ausgehen, *tabellarii,* Briefboten; ferner Tafelsclaven, wie *coqui, pistores, praegustatores, pincernae, triclinarii, a cyatho v. potione;* Sclaven zum Ankleiden und Aufwarten, wie *vestiarii, ab ornamentis, tonsores, balneatores, medici, chirurgi**);* ferner *servi literati,* als: *librarii,* oder *scribae,* Bücherabschreiber und Secretäre, *notarii,* Schnellschreiber, *anagnostae* oder *lectores,* Vorleser, *ab epistolis, ab bibliotheca;* musikalische Sclaven, wie die *symphoniaci* etc. In der *familia rustica* sind die wichtigsten: *villici,* ökonomische Verwalter und Aufseher aller Anderen, *oratores, venatores, bubulci,* sodann

---

*) In §. 30 ist von ihrer Stellung in der Gesellschaft die Rede gewesen. Hier wird bloss von ihren Eintheilungen und Verrichtungen gesprochen.

**) Die Arzneikunde kam erst spät nach Rom (*Archagathus* im J. 219) und wurde als Beruf fast ausschliesslich von Ausländern ausgeübt.

Aufseher über Gärten und Gärtner, *topiarii, viridarii, vinitores, olitores.*

155.
§. 7. *Beschäftigungen. Reisen.*

Die reichen und angesehenen Römer empfingen des Morgens Besuch und Aufwartung (*salutatio*) von ihren Freunden und Clienten. Ungefähr um die dritte Stunde fing das Geschäftsleben auf dem Markte, vor den Gerichten und im Senate an. Nach vollbrachten Geschäften widmete man die Zeit theilweise den Mahlzeiten, dem Spazierengehen, den Leibesübungen, an denen auch ältere angesehene Männer Antheil nahmen, besonders am Ballspiel entweder mit der *pila*, einem kleinen, oder dem *follis*, einem grossen, aber leichten Balle, und allerlei Glücks- und Brettspielen (*alea, tali, tesserae, venus, canis, ludus calculorum* und *duodecim scriptorum*). Vor der *coena*, gewöhnlich ungefähr um die achte Stunde, pflegte man ein Bad zu nehmen. — Ein allgemeines Beförderungsmittel auf Landreisen war die *lectica*, eine Art Tragbett oder Sänfte, getragen von Sclaven (*lecticarii*). Sie scheint in Plautus' Zeiten noch nicht bekannt gewesen zu sein, in Cicero's Zeit war sie aber allgemein und wurde späterhin auch zur Beförderung in der Stadt gebraucht. Nur ausnahmsweise bediente man sich in der Stadt der Wagen, und selbst die Frauen fuhren nur bei festlichen Gelegenheiten (Liv. 5, 21), bis durch das oppische Gesetz (s. §. 149) eine Beschränkung eintrat, die nach 20 Jahren wieder aufgehoben wurde. Auf Reisen bediente man sich theils zweirädriger Wagen, wie des *cisium, essedum, carpentum* (ein bedeckter Staatswagen), theils vierrädriger, wie der *reda*, eines schweren Reisewagens, *pilentum, carruca.* Die Thiere, welche an einem auf der Deichsel befestigten Joche, das auf ihrem Nacken lag, zogen, waren Pferde und Maulesel. Man benutzte auf Reisen gemeiniglich Gastfreundschaften und Verbindungen, der reisende Beamte wurde öffentlich von Staatswegen aufgenommen; aber es fehlte auch nicht an Wirthshäusern (*cauponae, diversoria, tabernae diversoriae*).

156.
§. 8. *Gebäude und Bäder.*

Nach dem zweiten punischen Kriege fing die beständig zunehmende Prunkliebe an sich auch in der Einrichtung der Häuser zu zeigen, und stieg gegen das Ende der republikanischen Zeit bis zu einem ungeheuren Grade. Die Häuser der Reichen in der Stadt und auf den Villen waren äusserst prachtvoll gebaut, und enthielten eine Menge, mit prächtigen Säulen von Marmor (entweder weissem, als parischem, pentelischem, hymettischem, oder gesprenkeltem, wie numidischem, phrygischem, lakonischem), Gemälden, Statuen, köstlichen Teppichen und geschmackvollen Möbeln, wie Tischen von kostbarem Holze (*citrus*), Gefässen von Silber oder korinthischem Erz, Vasen, Candelabern u. s. w. prächtig geschmückter Zimmer. Zu den Villen gehörten Bäder, grosse Fischteiche, kunstvoll angelegte Gärten. Von den wesentlichsten Theilen *) eines grossen römischen Privathauses **) nennen wir: das *vestibulum*, einen von dem Hauptgebäude und den beiden, an den Weg oder die Strasse stossenden, Flügeln des Hauses eingeschlossenen Platz oder kleinen Vorraum vor der Hausthüre; *ostium* oder *ianua*, die Thüre oder der Eingang. Zu derselben gehören das *limen inferum* und *superum*, die *postes*, *fores* und *valvae*, die man durch einen Riegel (*sera, repagulum, pessulus, obex*) schloss. Die Thüre wurde von einem Sclaven, *ianitor* oder *ostiarius*, bewacht. Das *atrium* halten Viele für Ein und dasselbe mit dem *cavum aedium* oder dem innern Hofraum, allein es ist der vorderste, dem Eingange nächste saalähnliche Raum im Hause mit einer Oeffnung (*lumen*) in der Decke. Hier stand vor Alters der *lectus genialis*, die *imagines*, der Herd und die Laren, hier war überhaupt der ursprüngliche Sitz und Mittelpunct des gesammten häuslichen Lebens. Das *cavum aedium* oder *cavaedium* war der innere Hof, in dessen Mitte ein unbedeckter Raum (*impluvium*) mit Brunnen oder Wasserbassin sich befand. Weiter hinten am *cavum aedium* lag wieder ein freier Platz, umgeben von Bogengängen, *peristylium*, welchen gewöhnlich Bäume, Gebüsche und Blumen schmückten. Im Verlauf der Zeit und mit dem steigenden Luxus erhielten die Atrien wie die Cavädien und Peristylien glänzende Säulenreihen, Brunnen, Rasenplätze, Zierpflanzen u. s. w. Die anderen Gemächer und Schlafzimmer hiessen *cubicula*; die *triclinia* waren Speisezimmer, *oeci* grössere Säle, *exedrae* Gesellschaftszimmer (dagegen unbedeckt waren die *exedrae* in den Gymnasien, d. i. halb-

---

*) Ueber die Einrichtung des römischen Hauses sind die Meinungen sehr getheilt. Die kleineren Häuser, die man in Herculanum und Pompeji ausgegraben hat, haben Atrien der späteren Zeit, den Cavädien sehr ähnlich.

**) Unter *insulae* verstand man isolirte, öfters mehrere Stockwerke hohe Gebäude, die gewöhnlich vermiethet und von geringeren Bürgern bewohnt waren.

runde, mit Sitzen versehene Erweiterungen der Säulengänge); *coenacula*, Zimmer im zweiten Stock. — Der Fussboden war in älteren Zeiten Estrich (*pavimentum*), aber bald wurde er mit Backsteinscherben eingelegt (*opus testaceum*) und getäfelt aus kleinen Stücken Marmors von verschiedenen Farben, die man in Vierecken oder Polygonen u. s. w. zusammensetzte (*pavimentum sectile*); endlich wendete man Mosaikmalereien mit Marmor- oder Glasstiften an (*opus* oder *pavimentum tesselatum, vermiculatum, opus musivum*). Die Wände waren mit Marmortafeln oder Gemälden verziert und die Decken (*laquearia, lacunaria*) schmückte man durch vertiefte Felder und köstliches Holzwerk. Die Oeffnungen für das Licht in der Mauer (*fenestrae*), die man vor Alters mit hölzernen Läden verschloss, wurden erst in der Kaiserzeit mit Marienglas (*lapis specularis*) und Glasscheiben versehen. Für Wärme in den Zimmern war auf verschiedene Arten gesorgt, jedoch ohne eigentliche Oefen. Die *cubicula* und *triclinia* zum Winteraufenthalt wurden auf der Sommerseite angelegt; auch hatte man eine Art Kamine und Kohlenbecken. In den späteren Zeiten waren dicht neben den Zimmern kleine Räume, die man durch *hypocausta* heizte und welche mittelst einer Oeffnung die Wärme in die Zimmer ausströmten, oder die Erwärmung geschah durch Röhren (*tubi*), die die Hitze aus dem Hypokaustum in die Zimmer leiteten. Endlich gab es hohlgelegte Fussböden (*suspensurae*), unter welchen sich die aus dem tiefer gelegenen Ofen kommende Wärme verbreitete. Zur Beleuchtung dienten in den älteren Zeiten Lichter von Talg oder Wachs (*candelae sebaceae* und *cereae*). Späterhin waren mehr Lampen (*lucernae*) in Gebrauch, von denen man noch sehr viele von den mannichfaltigsten Formen, theils aus Terra cotta, theils aus Bronze in den verschiedenen Museen sieht. Sie hingen theils an Ketten an der Decke, theils wurden sie von Candelabern getragen. Die Bäder kennen wir besonders aus den Ueberbleibseln von den Thermen des Titus, Caracalla und Diocletian in Rom und den pompejanischen Bädern. Die wesentlichsten Theile der gewöhnlichen *balnea* sowohl, als der der Kaiserzeit eigenthümlichen und zum Theil als Vergnügungsorte dienenden grossartigen *thermae* waren das *apodyterium*, Auskleidezimmer, *frigidarium*, das kalte Bad, *tepidarium*, ein geheiztes Zimmer mit lauwarmem Bad, *caldarium*, das Schwitzbad, durch *hypocausta* erwärmt und mit verschiedenen Wasserbecken versehen.

### §. 9. *Kleidung.* 157.

Die Kleidung bestand in einer *tunica*, Unterkleid, das eng und gewöhnlich ohne Aermel war; sie ging ungefähr bis an die Kniee. Eine lange und mit langen Aermeln versehene *tunica, tunica manicata*, sah man für ein Zeichen von Eitelkeit und Weichlichkeit an (*Cic. in Cat.* 2, 10). Die Senatoren trugen eine *tunica laticlavia* mit einem breiten, die Ritter eine *angusticlavia* mit einem schmalen Purpurstreifen; der Triumphator hatte eine *tunica palmata*. Unter der Tunica zog man gewöhnlich noch ein Unterkleid an, *tunica interior* (*subucula, interula*). Ueber der Tunica trug man die *toga*, die Nationaltracht des römischen Bürgers in Friedenszeit (*togati*), einen Mantel, der von Wolle war und aus einem einzigen Stück von halbrunder Form bestand, und so umgeworfen wurde, dass der rechte Arm zum Theile frei, und der linke bedeckt war, und dass sich ein *sinus*, eine Falte oder Höhlung auf der Brust bildete. Die Toga war weiss, *alba, pura*, die der Candidaten *candida*, die der Trauernden *pulla*, die der Angeklagten *sordida* (*vestem mutare*). Jungfrauen und Knaben kleideten sich in eine *toga praetexta* mit einem Purpurstreifen (*limbus*) verbrämt, wie sie den höheren Magistratspersonen und mehren Priestern zukam. Der allgemeine Kriegsmantel hiess *sagum*, der des Feldherrn *paludamentum*, ein Regen- oder Reisemantel *paenula*. In der Kaiserzeit legten Viele statt der *toga* oder über derselben einen Mantel um, welcher *lacerna* hiess und bisweilen mit einer Kapuze, *cucullus*, versehen war. Die Fussbekleidung waren *soleae*, mit Schnüren befestigte Sandalen, deren man sich besonders im Hause bediente; *calcei*, Schuhe, wenn man öffentlich erschien und zu der *toga*. Eine Kopfbedeckung (*pileus, petasus, causia*) trug man gemeiniglich nur bei schlechtem Wetter und auf Reisen. Ein allgemeiner Schmuck waren die Ringe, *annuli*; Senatoren und Ritter trugen goldene. Die Ringe wurden in den späteren Zeiten oft durch kostbare, mit eingravirten Bildnissen versehene Steine (*gemmae*) verziert. Das Haupthaar und den Bart liessen die ältesten Römer frei wachsen; erst später (nach dem Jahre 300) kam die von den Griechen entlehnte Sitte auf, den Bart zu scheeren und das Haupt zu salben, zu kräuseln und künstlich zu ordnen. Dies geschah entweder zu Hause von Sclaven oder in den *tonstrinae*, wo zugleich das Haar geschnitten und die Nägel gereinigt wurden. — Von Frauenzimmerkleidern ist zu merken: die untere *tunica*, die *stola*, eine lange *tunica* mit Aermeln, und über derselben die *palla* zum Ausgehen, welche der *toga* der Männer entsprach. In den späteren Zeiten herrschte grosser Aufwand; Schminke, Salben und alle Arten von Schönheitsmitteln wurden allgemein. — Die ältesten Kleider waren von Wolle; Leinwand wurde erst in den späteren Zeiten der Republik gewöhnlich (*carbasus, byssus, sindon*). In der Kaiserzeit trugen die Reicheren auch Kleider von Halb- oder Ganzseide *(sericae, bombycinae vestes)*.

158.
### §. 10. *Mahlzeiten.*

Auch in den Nahrungsmitteln herrschte in der alten Zeit grosse Einfachheit und Brei aus Dinkel (*puls*) galt als Nationalgericht. Späterhin, besonders nach den Kriegen in Asien, wurde in dieser Hinsicht der Luxus allgemein, und vergebens suchte der Staat durch viele Gesetze die kostspieligen Mahlzeiten, zu denen die ganze bekannte Welt die ausgesuchtesten Produkte liefern musste, zu beschränken. Der Wein, sowohl italischer, z. B. Massiker-, Falerner- und Cäcuber-, als griechischer, z. B. Chier- und Lesbierwein, wurde gemischt mit Wasser und oft abgekühlt mit Schnee getrunken. Ein anderes beliebtes Getränk war *mulsum* (οἰνόμελι), eine Art Honigwein. Die erste Speise, die man des Morgens genoss, hiess *ientaculum*. Nach dem *prandium*, einer leichten Speise gegen Mittag, kam die *coena* um die neunte Stunde, im Winter etwas früher. Diese Mahlzeit bestand aus dem Vorgerichte (*gustatio* oder *promulsis*), dem Hauptgerichte (*caput coenae*, bestehend aus mehreren *fercula*) und dem Nachtisch (*mensae secundae, bellaria*). Man lag bei Tische *(accubare)* auf Ruhebetten (*lecti*), gewöhnlich 3 (*summus, medius, imus*) um eine Tafel (*triclinium*). Die Ruhebetten waren mit Kissen (*tori*) und bei festlichen Gelegenheiten öfters mit prächtigen Teppichen (*stragulae vestes*) bedeckt. Auf jedem fanden drei Gäste Platz.

Trinkgelage (*comissationes*) dauerten oft bis spät in die Nacht hinein, und waren in den späteren Zeiten auf griechische Weise eingerichtet. Zum Vorsteher des Gelages wählte man einen *arbiter bibendi*, *magister* oder *rex convivii*. Die Gäste bekränzten sich mit Blumen und Myrthen. Bei Tische wurde man durch Musik, Tanz und Vorstellungen von Gauklern, Seiltänzern, Mimen u. s. w., oder in gebildeteren Kreisen durch Vorlesungen von Declamatoren (*acroama*) unterhalten.

§. 11. *Leichenbegängnisse.*

Die Römer hatten, wie die meisten Nationen, eigene Ceremonien und Gebräuche bei Sterbefällen und Leichenbegängnissen. Ihre Sorgfalt bei Begräbnissen stand in genauer Verbindung mit dem religiösen Glauben vom Zustande nach dem Tode und galt für eine Pflicht, die man dem Verstorbenen schuldig war (*iusta facere*). Die nächsten Verwandten drückten dem Verstorbenen die Augen zu und riefen seinen Namen aus (*conclamare*). Das Einzelne zur Vorbereitung bei einem Begräbniss besorgten die *libitinarii*, so genannt vom Tempel der *Venus Libitina*, wo man bei ihnen Alles bestellte, was zum Begräbniss gehörte. Die Leiche wurde zuerst gesalbt und gewaschen; hierauf zog man ihr das Leichengewand an (eine *toga*, bei Magistraten die *praetexta*) und stellte sie öffentlich zur Schau; vor das Haus der Leiche setzte man eine Cypresse. Zu den feierlichen Leichenbegängnissen der Reichen und Vornehmen (*funus, pompa, exequiae*), besonders wenn Spiele damit verbunden waren, wurde das Volk durch einen *praeco* eingeladen (*funera indictiva*). Den Leichenzug eröffnete ein Musikchor und Klageweiber (*praeficae*), welche Klagegesänge (*naeniae*) zu den Tönen der Flöte anstimmten. Diesen schlossen sich bisweilen sogar Mimen an, von denen Einer die Person des Verstorbenen nachahmte. Dann folgten Tafeln (*tabulae*) mit dem Verzeichniss der Thaten des Verstorbenen, ebenso auch die *imagines* desselben, s. §. 25. Die Leiche wurde auf einer *lectica* getragen; das ganze Gefolge erschien in Trauerkleidern. Auf dem Forum hielt man an; der nächste Verwandte bestieg die Rednerbühne und hielt eine *laudatio*. Nach Liv. 5, 50 bekamen nach dem gallischen Kriege auch die Frauenzimmer das Recht einer *laudatio* nach dem Tode; davon scheint aber sehr selten und erst spät Gebrauch gemacht worden zu sein. Sowohl das Begraben (*sepelire, humare*, beerdigen) als das Verbrennen (*cremare*) war üblich. Die Vornehmen hatten eigene prachtvolle Begräbnisse (*sepulcra*) auf ihren Landgütern oder an den Landstrassen, denn in der Stadt durfte eigentlich Niemand begraben werden. Unter den Kaisern baute man grosse Mausoleen, z. B. das von August aufgeführte und die *moles Hadriani* an der Tiber. Bei dem Verbrennen wurde ein Scheiterhaufen (*rogus, bustum, pyra*) errichtet, auf welchen man die Leiche nebst Kleidern, Weihrauch und andern wohlriechenden Specereien legte. Die verbrannten Gebeine und Asche sammelte man (*ossa legere*) in Urnen, die in einer Grabkammer unter oder über der Erde *(columbarium, cinerarium, ossarium)* oder ohne Weiteres in der Erde beigesetzt wurden. Das ganze Grabgebäude hiess *monumentum* oder *sepulcrum*. An Begräbnisse schlossen sich bisweilen Leichenmahle, Spiele und Gladiatorenkämpfe, und am neunten Tage nach dem Leichenbegängnisse wurde das *novendiale sacrificium* gebracht. Die Grabstätten gehörten zu den *res religiosae*, welche unter dem *pontifex maximus* standen, und nicht verletzt werden durften. Die Vergötterung (*apotheosis*) wurde nach C a e s a r vielen Imperatoren durch einen Senatsbeschluss zuerkannt. Der Vergötterte wurde mit dem Beinamen *divus* verehrt, und daran schloss sich die Errichtung von Tempeln, Priesterschaften und religiöse Feierlichkeiten, s. §. 139.

# Literaturgeschichte.

# Einleitung.

§. 1. *Entwickelung der Literatur bei den Römern.*

Bei den Griechen sehen wir die Wissenschaften gleichsam in ihrer Geburt. Die Elemente, welche sie von fremden Nationen aufnahmen, waren schwerlich von grosser Bedeutung und wurden jedenfalls in eigenthümlicher Weise aufgefasst und verarbeitet. Die Wissenschaften gelangten zur Reife, erreichten allmälig ihren höchsten Gipfel und sanken dann wieder langsam und stufenweise zurück. Anders war es bei den Römern. Sie waren ein praktisches, mit Stärke und Festigkeit des Charakters ausgerüstetes Volk, aber ohne vorherrschendes Talent für tiefere wissenschaftliche Forschung und ohne leicht bewegliche Phantasie; lange hatte die Entwickelung des geistigen Lebens bei ihnen eine ganz andere Richtung als die wissenschaftliche, und die geringen Spuren von Poësie und historischem Interesse verschwinden fast ganz unter der Masse bürgerlicher und kriegerischer Bestrebungen. Erst spät, als die griechische Literatur schon zu sinken begann, öffnete sich unter griechischem Einflusse der Sinn der Römer für die Wissenschaften. Ungeachtet ihres entschiedenen Nationalcharakters, ihrer Ehrfurcht gegen die Lebensweise der Vorfahren und ihres Mangels an Achtung für die Persönlichkeit der Griechen, wurde dennoch der bessere Theil der Nation willige Schüler der Griechen, und machte in der Literatur, die sie in einem fertigen und entwickelten Zustande empfingen, sehr rasche Fortschritte. Frühzeitig gelangten sie daher zu einer gewissen Reife, die sich in technischer Vollkommenheit und Liebe zur grammatischen, kritischen und historischen Reflexion äusserte; hingegen wurde aber der wissenschaftliche Geist weder so volks-

9*

thümlich, noch so originell und selbständig, wie bei den Griechen, sondern trat am häufigsten in die Fusstapfen der Griechen, ohne sich wesentlich neue Formen zu schaffen. In gewissen Richtungen stieg die Literatur zu keinem bemerkenswerthen Grad der Entwickelung, und selbst bei den besseren Schriftstellern finden wir nicht immer die Frische, Natürlichkeit und Originalität, welche die Griechen von der ältesten Zeit an auszeichnet. Nur einzelne Zweige, die entweder in naher Beziehung zum Praktischen standen, wie Jurisprudenz und Beredsamkeit, oder dem Nationalgefühl besonders zusagten, wie Geschichte, entwickelten sich selbständiger. Achtung für die sittliche und religiöse Strenge der Vorfahren, Verständigkeit und praktischer Sinn, die Idee des Staates und das stolze Gefühl der Weltherrschaft und des Römerruhms, sind Grundzüge der römischen Nationalität, die sich auch in der Literatur ausgeprägt haben.

### §. 2. *Die lateinische Sprache.*

Die lateinische Sprache ist als eine, mit anderen italischen Sprachen, z. B. der oscischen, verwandte Schwestersprache der griechischen zu betrachten. Sie war anfangs roh und vielen Veränderungen unterworfen, bildete sich aber späterhin unter Einwirkung der griechischen Sprache, sowohl von Grossgriechenland im südlichen Italien, als von Griechenland selbst her, weiter aus, und ward zuerst von Dichtern und Rednern, späterhin von Geschichtschreibern und Grammatikern bearbeitet.

Gegen das Ende des Freistaates und vorzüglich im Anfange der Kaiserperiode erreichte sie ihre grösste Ausbildung. Sie hatte sich damals über ganz Italien verbreitet, wurde allmälig in die Provinzen verpflanzt, und bereitete dadurch, dass sie sich mit der Sprache der Völker vermischte, die Entstehung neuer Sprachen (der italienischen, französischen, spanischen, portugiesischen, englischen, wallachischen, romanischen) vor.

### Literaturgeschichte.

### §. 3. *Erste Periode. Von Roms Erbauung bis zum J. 240 v. Chr. G.*

Von eigentlicher Literatur kann hier noch nicht die Rede sein, sondern nur von ihrem allerersten rohen Anfange, der die künftige Aufnahme einer fremden Literatur vorbereiten konnte. Diese ersten Keime finden wir in historischen und statistischen Urkunden und einigen Spuren von Dichtung, sowie in der Bekanntschaft mit der griechischen Buchstabenschrift. Zur Poësie gehören d i e L i e d e r d e r s a l i s c h e n P r i e s t e r (*axamenta*), die man noch in den späteren Zeiten des Staates hatte, jedoch nur mit Hülfe eines Commentars verstehen konnte; d i e G e s ä n g e d e r a r v a l i s c h e n B r ü d e r; d i e a l t e n T i s c h g e s ä n g e, die bei *Cic. Tusc.* 1, 2. IV, 2. *Brut.* 19. erwähnt werden; ferner die *versus Fescennini* oder Wechselgesänge bei ländlichen Festen, oft gemischt mit beissendem Spott (etruskischen Ursprungs), und mehrere Rudimente dramatischer Kunst, wie die *saturae* oder improvisirte Farcen. Der alte römische Vers heisst der saturnische. Zu den Keimen der prosaischen Literatur gehören die *annales maximi* oder die jährlichen kurzen Urkunden über die merkwürdigsten Ereignisse des Staates, die der *pontifex maximus* ausarbeitete. Diese Sitte erhielt sich lange, die älteren gingen jedoch beim Einfall der Gallier grösstentheils verloren. Sodann die *libri pontificum*, Vorschriften über Opfer und Ceremonien, Formulare u. s. w. enthaltend; die *libri magistratuum*, in denen sich auch Verzeichnisse obrigkeitlicher Personen fanden; die *libri lintei*, die man, wie Livius erwähnt, im Tempel der J u n o M o n e t a aufbewahrte; ferner die ältesten *laudationes* oder Leichenreden; endlich die geschriebenen Gesetze, sowohl die *leges regiae*, als die 12 Tafelgesetze. Von diesen beiden sind noch Fragmente vorhanden.

§. 4. *Zweite Periode. Vom J.* 240 *bis auf Cicero's Zeit.*

Während das römische Reich sowohl an Macht und Reichthum, als an festerer Ordnung in seinen Staatsverhältnissen zunahm, öffnete zugleich der steigende Verkehr mit den Griechen und namentlich der Aufenthalt gelehrter Griechen in Rom[*]) allmälig Einzelnen die Augen über den Werth und Einfluss der Wissenschaften selbst auf das praktische Leben; Staatsmänner, wie S c i p i o d e r J ü n g e r e und L ä l i u s, hatten vertrauten Umgang

---

[*]) In dieser Hinsicht sind besonders die Gesandten zu bemerken, welche die Athener im J. 155 nach Rom schickten, nämlich der Stoiker D i o g e n e s, der Peripatetiker K r i t o l a u s und der Akademiker K a r n e a d e s, drei der berühmtesten Philosophen jener Zeit. Sie hielten öffentliche Vorträge und wurden begierig angehört, mussten aber auf C a t o's Betreiben die Stadt verlassen.

mit gelehrten Griechen (Polybius, Panätius), und viele angesehene Personen fingen an die Wissenschaften, wenn auch nicht
zu bearbeiten, so doch zu achten und zu beschützen. Zwar hatten die
Griechen Vieles an sich, was den ernsten und praktischen Römern
missfiel; aber dessenungeachtet drang die griechische Cultur immer
mehr durch, und selbst Cato soll noch in hohem Alter Griechisch
gelernt haben. Man begann sich der Beredsamkeit*), welche im
Freistaat einen grossen Wirkungskreis hatte und den Weg zu den
höchsten Ehrenstellen bahnte, zu widmen, zuerst ohne Theorie,
späterhin aber unter Anleitung griechischer Rhetoren, die jedoch
anfangs übel angesehen waren und öfters aus Rom verwiesen wurden (z. B. im J. 161). Das Studium derselben erlangte einen durch-
greifenden Einfluss auf die ganze Literatur, in der ein gewisser
rhetorischer Ton unverkennbar ist. Auch die Philosophie**), ja
sogar grammatische Studien (d. i. die Sprachwissenschaft, Literaturgeschichte, Auslegungskunst und ihre Hülfsmittel) fanden in
Rom ihre Bearbeiter ***).

### §. 5. *Fortsetzung.*

Die Schriften, welche diese Periode hervorbrachte, gehören
vorzüglich der Poesie (namentlich der dramatischen und epischen)
und der Geschichte an. Die Römer hatten eine dramatische Poesie
italischen Ursprungs, die dem griechischen Drama vorausging.
Zu derselben gehören die obengenannten Fescenninen, die Mimen,
die *ludi Osci*, die *fabulae Atellanae*†), ein lustiges Volksdrama,
das von freien Jünglingen aufgeführt wurde. Die letztgenannte
Art von Gedichten wird noch unter den ersten Kaisern erwähnt;
es ist uns jedoch kein Atellanenstück erhalten. Grössere Bedeutung für die Literatur gewann das griechische Drama (Tragödien
und Komödien, die sich an die neuere attische Komödie anschlos-
sen), dessen Aufführung in Rom sich an religiöse Festlichkeiten
und Spiele anschloss. Ungeachtet indess die dramatische Dichtart

---

*) Berühmte Redner waren: Cato Censorius, Ser. Sulpicius Galba,
C. Papirius Carbo, die Gracchen, besonders der Jüngere, M. Antonius,
L. Licinius Crassus und Q. Hortensius Hortalus.

**) Als Philosophen nennt man z. B. Scipio den Jüngeren, Lälius
Sapiens, P. Rutilius Rufus und Andere.

***) Krates Mallotes, der im J. 169 nach Rom kam, soll zuerst das In-
teresse für diese Studien geweckt haben.

†) Als Atellanendichter nennt man Q. Novius.

späterhin durch Behandlung römischer Stoffe das Nationalinteresse zu wecken suchte (*fabulae praetextatae* und *togatae*, im Gegensatz der *palliatae*), so konnte sie doch niemals feste Wurzel im Volke fassen, und verschwand zum Theil späterhin oder wurde durch Gladiatorenspiele, Thiergefechte und andere ähnliche Belustigungen verdrängt (Hor. epist. II., l., 182 ff.). Die epische Dichtart begab sich ebenfalls nachmals an die Behandlung nationaler Stoffe, zuerst im saturnischen Versmaasse, späterhin in Hexametern. Unabhängiger hingegen entwickelte sich die Satire. Aus den jährlichen Urkunden der früheren Zeit ging in dieser Periode die Geschichtschreibung hervor, jedoch in annalistischer Form und ohne nach Vollkommenheit des historischen Stils zu streben.

## §. 6. *Dichter*.

*Livius Andronicus* aus Tarent, ein freigelassener Sclave von griechischer Herkunft, der zuerst im J. 240 ein Schauspiel aufführen liess, schrieb Tragödien und Komödien, und soll die Odyssee in saturnischen Versen übersetzt haben.

*Cn. Naevius* aus Campanien, gest. im J. 204, schrieb Tragödien und Komödien, mit bitterer Satire nach dem Muster der älteren attischen Komödie, wofür er ins Gefängniss geworfen worden sein soll. Er verfasste auch ein Gedicht über den ersten punischen Krieg.

*Q. Ennius* aus Rudiae in Calabrien, 239 — 169, geachtet vom älteren Scipio, wurde römischer Bürger. Er schrieb Tragödien, Komödien, Annalen, ein grosses Epos über Roms Geschichte und einige andere Gedichte, besonders Uebersetzungen. Er bediente sich zuerst des Hexameters statt des alten saturnischen Versmaasses.

*Caecilius Statius* aus dem cisalpinischen Gallien, gest. 168. Komiker.

*M. Pacuvius* aus Brundusium, ein Schwestersohn des Ennius, geb. 220. Tragiker.

*L. Attius*, geb. 170, soll in seinen Tragödien römische Stoffe behandelt, und ausserdem *Didascalica*, ein Werk über Geschichte der dramatischen Kunst, geschrieben haben.

*T. Maccius Plautus* aus Sarsina in Umbrien, zur Zeit des zweiten punischen Krieges, gest. 184. Von den 21 Stücken, welche Varro für echt erklärte, haben wir noch 20, die den Griechen frei nachgebildet sind. Der Text ist sehr verdorben und durch Unbekanntschaft mit der Metrik sehr verwirrt worden.

*P. Terentius Afer* aus Carthago, geb. um 194, gest. um 159, ein freigelassener Sclave, lebte in freundschaftlichen Verhältnissen mit Scipio Africanus Minor und Lälius, die jedoch viel jünger als er waren. Wir haben von ihm 6 Komödien, Bearbeitungen oder Nachbildungen griechischer Stücke des Menander und Apollodorus.

*L. Afranius* (ungewiss woher), jünger als Terenz, schrieb *comoediae togatae*.

*C. Lucilius* aus Suessa Aurunca in Campanien, 148—103, ein Freund des Scipio und Lälius, schrieb Satiren, die sehr von den Alten gerühmt werden. Er gab der Satire nach der Weise der alten attischen Komödie den Charakter eines politischen Gedichts mit Schilderung des öffentlichen Lebens und hervortretender Persönlichkeiten als Vertreter des *mos maiorum*. Nach ihm scheint nichts Ausgezeichnetes in dieser Gattung vor Horaz geschrieben worden zu sein.

### §. 7. *Prosaiker.*

Die prosaischen Schriftsteller sind meistentheils Annalisten. Die historischen Sagen und Urkunden hatten frühzeitig das Interesse der Römer geweckt, und die Annalisten, welche jene sammelten und ordneten, waren gemeiniglich Staatsmänner, während die Dichter Privatpersonen, zum Theil von geringer Herkunft und fast alle ausserhalb Rom geboren waren.

*Q. Fabius Pictor*, zur Zeit des zweiten punischen Krieges, schrieb Annalen, die von der Erbauung Roms bis auf seine Zeit gingen.

*M. Porcius Cato Censorius*, 234—149, ein Muster des alten strengen und conservativen Römercharakters. Seine Werke waren: *Origines*, Italiens älteste Geschichte und Roms Begebenheiten von seiner Gründung an bis zum J. 151; ferner eine Schrift über den Ackerbau, das älteste prosaische Werk, das wir, jedoch in einem sehr misshandelten Zustande, noch besitzen; Reden und andere Schriften.

Als Annalisten nennen wir ferner:

*L. Calpurnius Piso Frugi*, Consul 133.

*C. Fannius*, der Schwiegersohn Lälius' des Weisen.

*L. Coelius Antipater*, zur Zeit der Gracchen, der den historischen Vortrag zu einer grösseren Kunst emporgehoben haben soll.

Diese und mehrere andere Annalisten, die besonders von Livius und Dionysius angeführt werden, bilden nebst einigen Juristen (z. B. *Sex. Aelius Paetus*, Consul im J. 198, und mehrere aus dem Mucischen Geschlechte) die hauptsächlichsten prosaischen Schriftsteller dieser Periode. Sie sind indess alle verloren gegangen, ausser Cato's Buch vom Landbau. Eben so wenig ist uns von den Dichtern ein Ganzes, ausser den Komödien des Plautus und Terenz, erhalten.

§. 8. *Dritte Periode. Von Cicero's Zeit bis zu August's Tod.*

Diese Periode ist das goldene Zeitalter der Wissenschaften. Während die Vorurtheile gegen die Wissenschaften bei dem grossen Haufen, vorzüglich im Anfange, noch nicht ausgerottet waren, und man noch immer über die gelehrte Pedanterie der Griechen (*Graeculi*) und ihren Mangel an praktischem Sinne spottete, stieg doch bei den Gebildeteren das Interesse für die griechische Literatur, die fortwährend einen mächtigen Einfluss auf die Werke der römischen Schriftsteller behielt. Auch in den übrigen Theilen von Italien verbreitete sich der Sinn für die Wissenschaften; allein in Rom vereinigten sich alle die tüchtigsten geistigen Kräfte. Die Wissenschaft wurde allmälig mehr und mehr ein nothwendiger Bestandtheil des feineren Lebens. Viele suchten wohl auch, bei der Verwirrung der bestehenden Verhältnisse, die durch den Bundesgenossenkrieg, die Bürgerkriege und den Untergang der Freiheit herbeigeführt wurde, in literärischen Beschäftigungen Trost und Vergessenheit des Elends der Gegenwart. Die Wissenschaften wurden durch Gründung von Schulen und öffentlichen sowohl als Privatbibliotheken gefördert, s. § 17. In der ersten Hälfte der Periode (der ciceronianischen) blühte besonders die prosaische, in der zweiten (der augusteischen) die poëtische Literatur unter dem Einfluss von August, sowie von Maecenas und Asinius Pollio, welche beide als Beschützer der Wissenschaften und als Schriftsteller genannt werden.

## § 9. *Fortsetzung.*

Die dramatische Poësie verschwand zum Theil in dieser
Periode *), doch dauerte die Aufführung von Mimen **) oder Dar-
stellungen des römischen Lebens, ausgeschmückt mit vielen Denk-
sprüchen, fort, und Pantomimen kamen in Aufnahme. Die epische
Poësie blühte besonders unter August, und entlehnte ihren
Stoff theils von gleichzeitigen Begebenheiten, theils von griechischen Sagen; an dieselbe schloss sich das didaktische Epos, zunächst von den Alexandrinern entlehnt. Auch die lyrische Poësie
trat, obwohl sie sich nicht auf eine so natürliche und eigenthümliche Weise an das Volksleben anschloss, wie bei den Griechen,
in verschiedenen Formen hervor, als Oden und Lieder, Elegien
(d. i. Gedichte, worin eine ruhige oder wehmüthige Empfindung,
besonders das Gefühl der Liebe das vorherrschende Element ist),
Episteln und Satiren (d. i. Gedichte, worin eine reflectirende Betrachtung über das Leben und Treiben der Menschen vorherrscht),
bukolische Gedichte (Schilderungen des Hirtenlebens), Fabeln, Epi-
gramme. In der prosaischen Literatur entwickelte sich vornehmlich die Geschichte aus der dürren annalistischen Form
zu einer volleren und schöneren Darstellung, in der das rhetorische
Element und Neigung zur Reflexion stärker hervortreten. Auch
grammatische und antiquarische Studien fanden in dem Interesse
der Römer für ihre Vorzeit und für die Institutionen der Vorfahren
Nahrung. Die Beredsamkeit gelangte in Cicero auf ihren Gipfel,
verlor aber mit dem Untergange der Freiheit ihre politische Bedeutung und damit zugleich ihr eigentliches Leben; doch bestand
sie, besonders in der Form von Gerichtsreden, Declamationen und
rhetorischen Kunstleistungen, in hohem Ansehen fort; man studirte
die Theorie derselben und behandelte diese in Schriften; indess
begann sie allmälig ihre alte Kraft, Natürlichkeit und Einfachheit
zu verlieren. Auch die Philosophie fing man seit Cicero's
Zeit an in besondern Werken zu bearbeiten, doch ohne eigentliche selbständige Speculation oder tieferes Eindringen in die Sy-
steme der griechischen Philosophie, sondern sie stand meist im

---

*) Doch nennt man aus der augusteischen Zeit besonders den Thyestes
als eine berühmte Tragödie des L. Varius, der sich auch als Epiker auszeichnete.

**) Als Mimendichter werden genannt: D. Laberius, P. Syrus, Cn. Ma-
ius, alle aus Caesar's Zeit. Der Letztere schrieb Mimijamben.

Dienste der Politik und der Beredsamkeit. Man studirte besonders die stoischen, epikureischen und akademischen Schriften. Die meisten anderen Wissenschaften erlangten keine selbständige Bedeutung in der Literatur. Mathematik und Naturwissenschaften wurden zwar von Manchen studirt, ohne dass man sie jedoch in eigenen Schriften behandelte; indess finden wir praktische Anwendung der Mathematik in Vitruv's Werk über die Architektur. Von praktischen Ausführungen ist die Regulirung der römischen Zeitrechnung unter Caesar durch Sosigenes, und die unter August durch Agrippa's Bemühungen vorgenommene Vermessung und statistische Beschreibung des ganzen römischen Reichs zu bemerken. Die Rechtswissenschaft (das Privatrecht) wurde fortwährend eifrig bearbeitet. Unter August traten zwei berühmte Rechtsgelehrte *(Q. Antistius Labeo* und *C. Ateius Capito)* auf, die grossen Einfluss auf die Rechtswissenschaft hatten, und als Häupter zweier verschiedener juristischer Schulen bedeutend wirkten.

## §. 10. *Dichter.*

*T. Lucretius Carus,* 95—52 v. Chr. G., schrieb 6 Bücher *de rerum natura* in Hexametern, eine Darstellung und Vertheidigung der epikureischen Lehre. Seine Sprache ist archaistisch.

*P. Vergilius Maro* aus Andes bei Mantua, 70—19 v. Chr. G., stand in grossem Ansehen bei August und Mäcenas. *Aeneis,* ein Epos in 12 Büchern, herausgegeben nach des Dichters Tod, durchgesehen von Varius und Tucca, aber nicht ganz vollendet. *Georgica,* 4 Bücher vom Landbau; bukolische Gedichte (*eclogae*) nach Theokrit's Idyllen. Auch einige andere kleinere Gedichte werden ihm beigelegt. Er war ein gelehrter und in der Form correcter Dichter, ausgezeichnet durch einen feierlichen Ton und eine klangreiche Sprache.

*Q. Horatius Flaccus* aus Venusia in Apulien, 65—8 v. Chr. G., hochgeachtet von August und Mäcenas. 4 Bücher Oden, *carmen seculare* und 1 Buch Epoden in verschiedenen kunstreichen lyrischen Versarten; 2 Bücher Satiren in Hexametern; Episteln in 2 Büchern, von welchen die letzte die *epistola ad Pisones* oder *ars poëtica* enthält. Natur, Wahrheit und Geschmack in der Darstellung und sorgfältiges Studium der Griechen (Alcäus, Sappho, Archilochus) zeichnen ihn aus.

*P. Ovidius Naso* aus Sulmo im Lande der Peligner, geb.
43 v. Chr. G., gest. zu Tomi an der Küste des schwarzen Meeres
im J. 17 nach Chr. G., wohin er von August verbannt war. *Meta-
morphoses* in 15 Büchern, eine Reihe von Erzählungen aus der griechischen Mythologie, die mit Verwandlungen enden. *Ars amatoria*,
3 Bücher in elegischen Versen, Schilderung von Liebesintriguen;
*fasti*, 6 Bücher in elegischen Versen, ein poëtischer Festkalender
für die 6 ersten Monate des römischen Jahres, wichtig in anti-
quarischer Hinsicht, und einige kleinere didaktische Gedichte. Ferner
elegische Gedichte, nämlich *amores*, *libri tristium* und *epistolae ex
Ponto*, die beiden letzteren im Exil geschrieben, und *heroides* oder
Briefe von Heroinen der mythischen Zeit an ihre Geliebten. Eine
Tragödie, *Medea*, ist verloren. Ausgezeichnet durch Phantasie, Witz
und grosse Leichtigkeit der Sprache und Versification, aber leicht-
fertig und ohne tieferes Gefühl.

*C. Valerius Catullus*, geb. bei Verona 86 v. Chr. G., bekannt mit Cicero, Cornelius Nepos und anderen angesehenen
Männern. 116 Gedichte, höchst verschieden nach Inhalt und Vers-
art. Die grössten sind: *Atys* und *Epithalamium Pelei et Thetidos*.
Die anderen sind meist epigrammatischer oder elegischer Natur, wie
*coma Berenices*, eine Nachahmung des Kallimachus. Er zeichnet
sich aus durch Gefühl und Naivität, die oft mit bitterer Ironie und
Satire verbunden ist.

*Albius Tibullus*, geb. um das J. 64 oder 54, gest. 18 oder
19. Unter seinem Namen hat man eine Sammlung von Elegien in
4 Büchern, unter denen jedoch einige von den Kritikern ihm ab-
gesprochen werden. Seine Gedichte charakterisiren sich durch Einfachheit und Natürlichkeit.

*S. Aurelius Propertius*, geb. in Umbrien, ungefähr um
dieselbe Zeit mit Ovid, jedoch jünger. Eine Reihe von Elegien
in 4 Büchern. Gelehrsamkeit und Kraft in der Darstellung, aber
weniger Einfachheit als bei Tibull.

## §. 11. *Prosaiker.*

*M. Terentius Varro*, geb. im J. 116 und gest. in einem
hohen Alter. Gelehrt, schrieb viele Bücher verschiedenen, besonders
antiquarischen Inhalts, selbst Gedichte (*Satirae Menippeae*). Es ist
uns von ihm nichts erhalten, ausser ein Stück von einem Werke

*de re rustica* und 6 sehr corrumpirte Bücher von einem grossen grammatischen Werke in 24 Büchern *de lingua Latina*.

M. *Tullius Cicero* aus Arpinum in Latium, geb. im J. 106. Seine Jugendzeit, in der er als Redner auftrat, fiel in die marianischen und sullanischen Unruhen; hierauf hielt er sich eine Zeitlang in Griechenland auf; nach Sulla's Tode kehrte er nach Rom zurück und machte die Laufbahn der Magistraturen durch, 63 war er Consul. Seine Feinde, denen seine republikanische Gesinnung und sein grosses Ansehen im Wege stand, trieben ihn in die Verbannung. Später schloss er sich an Pompeius an, kehrte jedoch nach der Schlacht bei Pharsalus nach Rom zurück, erhielt von Caesar Verzeihung und lebte darauf den Wissenschaften, ohne an den Staatsangelegenheiten Theil zu nehmen. Nach Caesar's Ermordung trat er gegen Antonius auf, wurde aber auf Veranstaltung der Triumvirn ermordet 43. Ausser den Uebersetzungen und Gedichten von geringerer Bedeutung (wie über Marius, über sein Consulat, die Uebersetzung von Aratus' *Phaenomena*, von der wir noch ein grosses Stück besitzen) sind die wichtigsten Schriften oratorische, rhetorische, philosophische und epistolographische.

Von seinen Reden haben wir 56, unter denen jedoch einige von ungewisser Echtheit, andere nicht vollständig auf uns gekommen sind. Von den verlorenen sind in neuer Zeit einzelne Fragmente aufgefunden worden.

Die rhetorischen Schriften sind: *Rhetorica* oder *de inventione*, eine Jugendarbeit, 2 Bücher; *de oratore*, 3 Bücher; *Brutus* oder *de claris oratoribus; orator ad Brutum s. de optimo genere dicendi; topica* oder die Lehre von den Beweisen; *de partitione oratoria*, die Lehre von der Eintheilung; *de optimo genere oratorum*, eine Vorrede zu einer verlorenen Uebersetzung der Reden des Aeschines und Demosthenes über den Kranz.

Die philosophischen Schriften sind: *De republica*, über die beste Staatsverfassung, 6 Bücher. Der Schluss, *somnium Scipionis*, ist uns durch Macrobius erhalten. Das Uebrige hielt man für verloren, bis A. Majo in einem Palimpsest ansehnliche Stücke auffand; — *de legibus*, 3 Bücher, ursprünglich mehr; — *academica*, herausgegeben in 2 Büchern und späterhin von Cicero in 4 Büchern umgearbeitet. Wir besitzen von der späteren Ausgabe einen Theil des ersten, und von der früheren einen Theil des zweiten Buches; — *de finibus bonorum et malorum*, 5 Bücher, die Lehren der wichtigsten philosophischen Schulen vom höchsten Gute; — *disputationes Tusculanae*, 5 Bücher, eine Behandlung der wichtigsten moralischen Materien; — *de natura deorum*, 3 Bücher; — *de divinatione*, 2 Bücher; — *de fato*, nur zum Theil erhalten; — *Cato maior s. de senectute*; — *Laelius s. de amicitia*; — *de officiis*, 3 Bücher; — *paradoxa Stoicorum*. Einige andere philosophische Schriften sind verloren.

Von den Briefen sind uns 3 Sammlungen erhalten, *epistolae ad diversos*, 16 Bücher, *epistolae ad T. Pomponium Atticum*, 16 Bücher, und *epistolae ad Quintum fratrem*, 3 Bücher. Dagegen sind die *epistolae ad Brutum* ohne Zweifel unecht.

Cicero glänzte besonders als Redner und überhaupt durch die Vollkommenheit seines Stils. Als Philosoph ist er weder tiefer noch selbständiger Denker, und sein Studium der griechischen Philosophie, der er als Eklektiker folgte, war mehr ausgedehnt als tief eindringend. Die meisten philosophischen Werke sind in der letzten Periode seines Lebens geschrieben.

*C. Iulius Caesar*, 99 — 44 v. Chr. G. Von seinen zahlreichen Schriften verschiedenen Inhalts (grammatische, politische, poetische etc.) besitzen wir nur noch einige historische, nämlich 7 Bücher *commentarii de bello Gallico* (ein achtes ist von fremder Hand hinzugefügt) und *de bello civili*, 3 Bücher. Die Bücher *de bello Alexandrino, Africano, Hispaniensi* sind nicht von Caesar. Eine geschmackvolle Leichtigkeit, Klarheit und Natürlichkeit zeichnen seinen Stil aus.

*Cornelius Nepos* aus Verona, gleichzeitig mit Caesar. Die meisten seiner Schriften sind verloren; doch besitzen wir noch die sogenannten *vitae excellentium imperatorum*, eine Sammlung kurzer Biographien, von 20 griechischen und 2 karthagischen Feldherren, *de regibus*, eine Biographie Cato's und eine ausführlichere des Atticus. Einige haben Aemilius Probus aus Theodosius' Zeit für den Verfasser derselben gehalten.

*C. Sallustius Crispus* aus Amiternum im Sabinischen, 86—35 vor Chr. G. *Catilina* und *Iugurtha* und einige Fragmente von seinen *historiae*. Einige andere kleine Schriften werden ihm mit Unrecht beigelegt. Kürze, Leben und Kraft, dabei aber ein gewisses Streben nach dem Alterthümlichen, das nicht immer natürlich ist.

*T. Livius* aus Patavium, geb. 59 v. Chr. G., gest. 18 nach Chr. G. Sein Werk umfasste Roms Geschichte von dessen Erbauung bis auf D r u s u s' Tod im J. 10 in 142 Büchern, von denen sich nur 35 erhalten haben, nämlich die 10 ersten und vom 21sten bis 45sten, ausserdem nur Bruchstücke und kurze Inhaltsanzeigen (*epitomae*). Er folgte in der älteren Zeit den Annalisten, und in der späteren besonders P o l y b i u s. Correct und beredsam, aber ohne tieferen kritischen Scharfblick.

M. *V i t r u v i u s  P o l l i o* vermuthlich aus Verona, der unter A u g u s t Kriegsmaschinen baute, schrieb *de architectura* 10 Bücher. Sein Stil verräth nur wenig Herrschaft über die Sprache.

Zwei berühmte Schriftsteller aus A u g u s t's Zeit, *T r o g u s  P o m - p e i u s*, der *historiae Philippicae* in 44 Büchern schrieb, und *V e r r i u s Flaccus*, einen Grammatiker, der ein grammatisch-antiquarisches Werk *de verborum significatione* schrieb, kennen wir nur aus späteren Auszügen, des ersteren von J u s t i n u s, des letzteren von F e s t u s oder dessen noch späterem Epitomator P a u l l u s  D i a c o n u s. Ein anderer berühmter Grammatiker aus A u g u s t's Zeit ist *C. I u l i u s Hyginus*, unter dessen Namen wir 2 Schriften *fabularum liber* und *poeticôn Astronomicôn libri* 4 besitzen, die jedoch, wie man allgemein annimmt, in einem viel späteren Zeitalter geschrieben sind.

§. 12. *Vierte Periode. Von August's Tode bis zu den Antoninen.*

Diese Periode, das silberne Zeitalter der Literatur, zeigt uns das allmälige Sinken der römischen Literatur unter ungünstigen Umständen, den völligen Verlust der Freiheit und der Despotie barbarischer Fürsten. Zwar dauerte noch ein wissenschaftliches Streben fort, ja in gewissen Richtungen wurde dieses sogar bedeutend stärker und ausgedehnter, auch entstanden Bibliotheken und Schulen in Menge; allein ein verkehrter Geschmack begann allmälig um sich zu greifen; das Gesuchte, Gekünstelte und Uebertriebene fand mehr Beifall, und ein missverstandenes Streben nach Gelehrsamkeit bei geistiger Armuth trat hervor. Indess finden wir in diesem Zeitalter noch viele Spuren aus einer besseren Zeit. In der D i c h t k u n s t fand besonders die satirische Poësie reichliche Nahrung in der Verkehrtheit des Zeitalters. Die p r o s a i s c h e  L i - t e r a t u r war vorzüglich reich an Geschichtschreibern. Die Beredsamkeit und ihre Theorie wurden noch bearbeitet, aber ihre politische Bedeutung war dahin, und ihre Anwendung beschränkte sich meist auf Declamationen. Auch die Philosophie, besonders die stoische. Grammatik und Rechtswissenschaft fanden viele Bearbeiter.

### §. 13. *Dichter.*

*Phaedrus* aus Thracien oder Macedonien, zu **August's** und **Tiberius'** Zeit. Eine Sammlung von Fabeln, deren Echtheit von Einigen bestritten wird.

*A. Persius Flaccus* aus Volaterra in Etrurien, geb. 34 nach Chr. G. 6 Satiren, ernst und trüb.

*D. Iunius Iuvenalis* aus Aquinum in Latium, geb. unter **Claudius.** Von seinen Satiren sind noch 16 vorhanden, die Echtheit der letzten wird bezweifelt.

*M. Valerius Martialis* aus Bilbilis im Lande der Celtiberer, geb. um das J. 40 nach Chr. G., blühte unter **Titus** und **Domitian.** Eine Sammlung epigrammatischer Gedichte in 14 Büchern, fein und witzig.

*M. Annaeus Lucanus* aus Corduba, geb. im J. 38 n. Chr. G., ermordet unter **Nero** im J. 65. Von seinen vielen Gedichten besitzen wir nur noch sein Hauptwerk: *Pharsalia*, ein episches Gedicht über den Krieg zwischen **Pompeius** und **Caesar** bis zur Belagerung **Alexandria's.** Die Darstellungsweise ist historisch, die Sprache rhetorisch, der Versbau unvollkommen.

*C. Silius Italicus*, 25—100 n. Chr. G. *Punica*, ein in poëtischer Hinsicht unbedeutendes Gedicht.

*C. Valerius Flaccus*, unter **Vespasian.** 8 Bücher *Argonautica*.

*P. Papinius Statius*, aus Neapolis, geb. 61. Von ihm besitzen wir die *Thebais*, ein Gedicht in 12 Büchern über den Kampf zwischen den Söhnen des **Oedipus**; *Silvae*, eine Sammlung von Gedichten, und ein unvollendetes Gedicht, *Achilleis*, in 2 Büchern.

*C. Petronius*, wahrscheinlich unter **Claudius** oder **Nero.** *Satiricôn*, vulgäre Sittengemälde. Ueber **Seneca's** Tragödien s. den folgenden Paragraphen.

### §. 14. *Prosaiker.*

*C. Vellejus Paterculus* aus Neapolis, unter **Tiber.** *Historiae Romanae* in 2 Büchern; vom ersten Buch ist ein grosser Theil verloren.

*Valerius Maximus*, um dieselbe Zeit. *Factorum dictorumque memorabilium libri IX*, eine Sammlung merkwürdiger Züge und Anekdoten.

*C. Cornelius Tacitus* aus Interamna in Umbrien, unter Vespasian, Titus, Domitian, Nerva, Trajan. Seine Schriften sind *de situ, moribus populisque Germaniae; vita Agricolae,* eine Biographie seines Schwiegervaters, des berühmten Feldherrn Agricola; *historiae,* die Kaisergeschichte von Galba bis Domitian's Tod, von der wir jedoch nur wenig mehr als 4 Bücher besitzen; *annales,* Roms Geschichte von August's Tod bis zu Nero's Tod, 16 Bücher, ebenfalls unvollständig. Ob der *dialogus de oratoribus* von ihm herrührt, ist bestritten. Sein Stil ist gedrungen, scharf und kräftig. Ein männlicher Ernst und tiefes Gefühl lebt in seinen Schriften.

*L. Annaeus Florus,* wahrscheinlich unter Trajan. *Epitome de rebus gestis Romanorum,* 4 Bücher.

*C. Suetonius Tranquillus,* unter Domitian und Hadrian. Von seinen zahlreichen Schriften besitzen wir *vitae XII* (d. i. der 12 ersten) *imperatorum; de illustribus grammaticis; de claris rhetoribus.* Auch legt man ihm einige einzelne kleinere Biographien bei. Einfach, correct und glaubwürdig.

*L. Annaeus Seneca* aus Corduba, geb. kurz nach Chr. G., gest. 65 unter Nero. Wir besitzen von ihm eine Reihe philosophischer Abhandlungen, eine Sammlung von Briefen (124) über philosophische Gegenstände, 7 Bücher *quaestionum naturalium* oder physische Abhandlungen. Endlich haben wir unter Seneca's Namen 10 Tragödien, die jedoch von Andern einem andern Seneca oder sogar mehreren Verfassern zugeschrieben werden. Ausserdem wird eine Reihe anderer verlorener Schriften von Seneca und einige von ungewisser Echtheit oder nachweislicher Unechtheit angeführt. Seneca war Stoiker, geistreich und witzig, aber sein Stil hat einen sehr rhetorischen Charakter.

*L. Iunius Moderatus Columella* aus Gades, *Seneca's* Zeitgenosse. *De re rustica* in 12 Büchern.

*Pomponius Mela* aus Spanien, in Claudius' Zeit. *De situ orbis,* eine Geographie in 3 Büchern.

*M. Fabius Quinctilianus* aus Calagurris in Spanien, geb. 42 nach Chr. G. *Institutio oratoria,* 12 Bücher. Auch wird ihm von Einigen eine Sammlung von Declamationen zugeschrieben. Ausgezeichnet durch gründliche Gelehrsamkeit und Geschmack.

*C. Plinius Secundus Maior* aus Novumcomum, 23—79 nach Chr. G. Von seinen vielen Werken besitzen wir nur die *historia naturalis* in 37 Büchern, eine umfassende encyklopädische Compilation aus vielen Schriften.

*C. Plinius Secundus Caecilianus* aus Comum, des älteren Plinius' Schwestersohn, geb. 62 nach Chr. G. Von seinen Reden besitzen wir nur den *Panegyricus* auf Trajan. Eine Sammlung von Briefen in 10 Büchern. Seine Sprache ist fliessend und lebendig, aber die Darstellung sehr gesucht.

*A. Cornelius Celsus*, unter August und Tiberius. Wir haben von ihm 8 Bücher über die Medicin, eigentlich ein Abschnitt eines grösseren encyklopädischen Werkes.

§. 15. *Fünfte Periode. Von den Antoninen bis zum Untergang des weströmischen Reichs im Jahre 476.*

Die Literatur sank noch auffallender. Die Reinheit der Sprache verlor sich; eine geistlose Compilation und eitele Ostentation von Gelehrsamkeit wurde herrschend. Unter den Dichtern verdienen bemerkt zu werden:

*Claudius Claudianus* aus Alexandria, unter Theodosius dem Grossen und seinen Söhnen. Verschiedene Gedichte, besonders epische. Der Stoff meist von den Begebenheiten seiner Zeit entnommen.

*D. Magnus Ausonius* aus Burdigala, geb. 309. Gedichte epigrammatischer und idyllischer Art, wie die *Mosella*.

*Aurelius Prudentius Clemens*, ein christlicher Dichter.

Von den übrigen Schriftstellern nennen wir:

*Iustinus*, unter den Antoninen, der das Werk des *Trogus Pompeius* excerpirte.

*Eutropius*, unter Constantin — Valens. *Breviarium historiae Romanae*, eine ganz kurze römische Geschichte.

*Sextus Rufus*, unter Valens. *Breviarium rerum gestarum populi Romani.*

*S. Aurelius Victor* aus Africa, unter Julian, und *Ammianus Marcellinus* aus Griechenland, unter Valens und Valentinian bis Theodosius, haben Beiträge zur Kaisergeschichte geliefert. Der Erstere hat auch einige kurze Biographien geschrieben.

*Orosius* aus Spanien, im 5. Jahrhundert. *Historiarum libri VII. adversus paganos*, eine Geschichte des menschlichen Leidens und Elends.

*Appuleius* aus Madaura in Africa, unter den Antoninen. Er schrieb viele, zum Theil verlorene Werke oratorischen und philosophischen Inhalts. Das wichtigste, das wir noch haben, ist *metamorphoseon s. de asino aureo libri XI*, ein humoristischer Roman.

*Censorinus*, um das J. 238 unter Maximus und Gordian. *De die natali*, vom Einfluss der Himmelskörper auf den Menschen.

*A. Gellius*, ein berühmter Grammatiker, lebte unter den Antoninen. *Noctes Atticae*, 20 Bücher, von denen das 8te fehlt, eine Excerptensammlung, die für uns nicht unwichtig ist.

Andere Grammatiker sind *Festus* s. S. 143 u. *Aelius Donatus*.

*Macrobius*, in der ersten Hälfte des 5. Jahrhunderts. Ein Commentar zum *somnium Scipionis*, und *Saturnalia*, ein Werk von derselben Art, wie *Gellius' noctes Atticae*.

*Scriptores historiae Augustae*, welche Biographien der Kaiser von Hadrian bis Valerian geschrieben haben, sind wegen der Nachrichten wichtig, die sie über die Geschichte ihrer Zeit liefern.

*Q. Curtius Rufus*, aus unbekannter Zeit. Von seinen 10 Büchern *de rebus gestis Alexandri magni* sind die beiden ersten verloren gegangen. Es fehlt ihm alle Kritik. Seine Sprache ist fliessend, oft affektirt.

Als Jurist ist bekannt *Gaius*, unter den Antoninen. *Libri institutionum IV*.

Auch lebten in dieser Periode die Kirchenväter *Tertullianus*, *Arnobius*, *Lactantius*, *Ambrosius*, *Hieronymus*, *Augustinus* und Andere.

### §. 16. *Sechste Periode.*

Nach der Zerstörung des weströmischen Reichs gingen die Wissenschaften ihrem Untergange rasch entgegen, und die Sprache verlor immer mehr ihren antiken Charakter. Die Literatur vegetirte nur traurig fort, besonders in encyklopädischen und grammatischen Werken. Unter den Schriftstellern ist *Boëtius* 470—524 zu bemerken. Zahlreiche Schriften philosophischen und mathematischen

10*

Inhalts und Commentare zu den Werken älterer Philosophen. Ein Zeitgenosse von ihm war *Cassiodorus*, erster Beamter des The odorich. Sein wichtigstes Werk ist eine Briefsammlung, *variarum libri XII*, von historischem Werth. Damals lebte auch der Grammatiker *Priscianus Caesariensis*.

---

# Anhang.

### §. 17. *Buchstaben. Schreibmaterialien. Bücher. Bibliotheken.*

Das römische Alphabet ist von den Griechen entlehnt*). Die Orthographie war lange schwankend, was auch die alten Münzen und Inschriften beweisen. Die Materie, worauf man Gesetze, Verträge und dergleichen Urkunden schrieb, war anfangs Stein, Erz und andere Metalle, oder Holz (*tabulae, album*); auch bediente man sich frühzeitig der Rinde gewisser Bäume und der Leinwand (*libri lintei*), späterhin im Allgemeinen des feinen Bastes der Papyruspflanze (*charta papyracea*), dessen schmale Streifen zusammengeleimt wurden, und des Pergaments (*membranae*) oder mit Wachs überzogener Tafeln. Auf diese schrieb man mit einem *stilus*, der am einen Ende spitz zum Schreiben, am anderen breit zum Auslöschen war. Auf Papier oder Pergament bediente man sich des *calamus*, einer Art Rohr, besonders aus Aegypten oder Gnidus, mit Tinte oder Tusche (*atramentum*), und benutzte in der Regel nur die eine Seite des Papiers. Die älteste Form der Bücher ist *volumen*, wobei die Blätter zusammengeleimt und um hölzerne oder knöcherne Cylinder gerollt wurden. Doch kannte man auch die oblonge Form (*codices*), die besonders bei Rechnungsbüchern angewendet wurde. Briefe schrieb man auf dünne, mit Wachs überzogene Holztafeln, welche zusammengelegt, zugebunden, und auf dem Band mit Wachs versiegelt wurden. Buchhändler (*bibliopolae*) finden wir gegen das Ende der Republik und bei H o r a z geschieht der Gebrüder S o s i i Erwähnung. Abschreiber (*scribae, librarii*) vervielfältigten die Bücher. Die Aedilen, welche die Aufsicht auf die öffentlichen Feste und Spiele hatten, kauften die Dramen von den Verfassern. Uebrigens

---

*) Nach einer Sage wurde die Buchstabenschrift von E u a n d e r nach Italien gebracht.

ist uns vom Schriftstellerhonorar nichts bekannt. Die erste Privatbibliothek, die in Rom erwähnt wird, ist die des L. Aemilius Paullus; später brachte Sulla aus Athen, und Lucullus aus Asien Bücher nach Rom, bis es Sitte wurde, dass sich in jedem grösseren Hause in Rom ein Bibliothekzimmer befand. Unter den öffentlichen Büchersammlungen wird die des Asinius Pollio im Atrium Libertatis und die August's im Tempel des palatinischen Apollo genannt. Nachmals kamen noch mehrere hinzu.

### §. 18. *Inscriptionen.*

Es ist uns eine grosse Menge alter Inschriften von sehr verschiedenem Inhalt auf Metall- und Steintafeln, sowie an Mauern Gefässen und Utensilien u. s. w. erhalten. Viele unter diesen sind für die Kenntniss der Geschichte und der Alterthümer wichtig. Die Schwierigkeit sie zu lesen rührt vorzüglich von den vielfachen Abbreviaturen her, von denen manche sogar mehrere Deutungen zulassen. Oft werden ganze Sätze durch die blossen Anfangsbuchstaben ausgedrückt, z. B. *DSPFC* d. i. *de sua pecunia faciendum curavit.* Die ältesten Inschriften sind die, welche zu den Grabmälern der Familie Scipio's an der Appischen Strasse (*L. Scipio Barbatus cos.* 289) gehören; die Inschrift am Fusse der *columna rostrata Duilii* (260); ferner hat man noch das *senatusconsultum de Bacchanalibus* (186) auf einer Kupfertafel und einige andere Gesetze und Senatsbeschlüsse auf Kupfertafeln; das *monumentum Ancyranum,* ein Denkmal aus August's Zeit über dessen Regierungsmassregeln; Fragmente der *fasti Capitolini* *) und eine Menge anderer Inschriften aus der Kaiserzeit. Leider sind viele von den Inscriptionen unächt, so dass man scharfe Kritik anwenden muss. Auch besitzen wir eine grosse Anzahl von Inschriften auf goldenen, silbernen und kupfernen Münzen, die oft von grosser historischer Wichtigkeit sind.

### §. 19. *Codices.*

Die Schriften der Alten sind durch *codices* auf uns gekommen. Von diesen sind uns zwar viele erhalten, grösstentheils sind

---

*) Die *fasti* sind entweder *calendares* oder *magistratuum.* Zu den *fasti calendares* (§. 145) gehören die *fasti Praenestini,* unter August redigirt, von welchen man Fragmente aufgefunden hat. Von den *fasti magistratuum* nennen wir die *fasti Capitolini,* von denen gleichfalls Bruchstücke aufgefunden sind. Es sind *fasti consulares,* Verzeichnisse der Hauptmagistrate, und *triumphales,* Verzeichnisse der Triumphatoren.

sie aber sowohl durch die Nachlässigkeit und Unwissenheit der früheren Librarii, als der Klosterschreiber des Mittelalters, sowie durch die Einmischung von Glossen der Grammatiker in einem solchen Zustande, dass wir an sehr vielen Stellen nur durch sorgfältige Untersuchung und Vergleichung zur Gewissheit über die Worte der Schriftsteller gelangen können, an anderen uns mit einer wahrscheinlichen Conjectur begnügen, und an noch anderen die Hoffnung ganz aufgeben müssen, die ursprüngliche Lesart herauszufinden. Nur wenige *codices* gehen bis zum 4ten oder 6ten Jahrhundert nach Christi Geburt zurück. Die älteren erkennt man im Allgemeinen an den Buchstaben, welche grösser sind und in der Form denen gleichen, die man auf Inschriften und Münzen findet. Die jüngeren kennzeichnen sich durch kleinere Schrift, Anwendung von Puncta und Kommata, Contraction der Diphthonge und andere Merkmale. Im 9ten und 10ten Jahrhundert ist die Schrift eleganter; späterhin werden die Buchstaben schlechter und die Abbreviaturen zahlreicher. Unter den ältesten *codices* wird ein *codex Mediceus* und ein *codex Vaticanus* des Vergil, ein vatikanischer Codex des Terenz und ein Florentiner Codex der Pandecten genannt.

# Register.